Poèmes anglais

suivi de

Le pays de personne

suivi de

La fissure de la fiction

Du même auteur

POÉSIE

En temps et lieux III, Montréal, L'Oie de Cravan éditeur, 2009.

En temps et lieux II, Montréal, L'Oie de Cravan éditeur, 2008.

Décalage, Sudbury, Éditions Prise de parole, 2008.

En temps et lieux, Montréal, L'Oie de Cravan éditeur, 2007.

Leçon de noyade, [s.l., s.é.], 2006.

Déchu de rien, [s.l., s.é.], 2006.

Inédits de vidé, [s.l., s.é.], 2006.

Désâmé, Sudbury, Éditions Prise de parole, 2005.

Grosse guitare rouge, avec René Lussier, Sudbury et Montréal, Éditions Prise de parole et Ambiance Magnétique, 2004, livre CD.

Hennissements, Sudbury, Éditions Prise de parole, 2002.

Bleu comme un feu, Sudbury, Éditions Prise de parole, 2001.

Sudbury (poèmes 1979-1985), nouvelle édition, Sudbury, Éditions Prise de parole, 2000 [comprend *L'espace qui reste,* 1979; *Sudbury,* 1983; et *Dans l'après-midi cardiaque,* 1985].

Rouleaux de printemps, Sudbury, Éditions Prise de parole, 1999.

L'effet de la pluie poussée par le vent sur les bâtiments, Montréal, Lanctôt Éditeur, 1999.

L'homme invisible/The Invisible Man suivi de *Les cascadeurs de l'amour,* nouvelle édition, coll. « BCF », Sudbury, Éditions Prise de parole, 2008 [1997, 1981 et 1987].

La fissure de la fiction, Sudbury, Éditions Prise de parole, 1997.

L'effet de la pluie poussée par le vent sur les bâtiments, plaquette, Québec, Docteur Sax, 1997.

Un pépin de pomme sur un poêle à bois, Sudbury, Éditions Prise de parole, 1995 [comprend les recueils *Le pays de personne, Grosse guitare rouge* et *Un pépin de pomme sur un poêle à bois*].

Amour Ambulance, Trois-Rivières, Écrits des Forges, 1989.

Poèmes anglais, Sudbury, Éditions Prise de parole, 1988.

Les cascadeurs de l'amour, Éditions Prise de parole, 1987 [voir nouvelle édition].

Dans l'après-midi cardiaque, Sudbury, Éditions Prise de parole, 1985 [voir nouvelle édition].

Sudbury, Sudbury, Éditions Prise de parole, 1983 [voir nouvelle édition].

L'homme invisible/The Invisible Man, Sudbury, Penumbra Press et Éditions Prise de parole, 1981 [voir nouvelle édition].

L'espace qui reste, Sudbury, Éditions Prise de parole, 1979 [voir nouvelle édition].

Les conséquences de la vie, Sudbury, Éditions Prise de parole, 1977.

Ici, Éditions À Mitaine, 1974.

Larmes de rasoir, [s.l., s.é.], 1973.

Cimetière de l'œil, [s.l., s.é.], 1972.

DOCUMENTS AUDIO

Patrice Desbiens et les Moyens du bord, avec René Lussier, Guillaume Dostaler, Jean Derome et Pierre Tanguay, Montréal, Ambiance Magnétique, 1999, CD.

La cuisine de la poésie présente : Patrice Desbiens, Sudbury, Éditions Prise de parole, 1985, audiocassette.

Patrice Desbiens

Poèmes anglais

suivi de

Le pays de personne

suivi de

La fissure de la fiction

Poésie

Collection « Bibliothèque canadienne-française »
Éditions Prise de parole
Sudbury 2010

Catalogage avant publication de Bibliothèque et Archives Canada
Desbiens, Patrice, 1948-
   Poèmes anglais ; Le pays de personne ; La fissure de la fiction / Patrice Desbiens.

(Bibliothèque canadienne-française)
Regroupe en un ouvrage trois recueils parus séparément chez Prise de parole, en 1988, 1995 et 1997.
ISBN 978-2-89423-247-7

   I. Titre. II. Titre : Pays de personne. III. Titre : Fissure de la fiction.
 IV. Collection : Bibliothèque canadienne-française (Sudbury, Ont.)

PS8557.E754P633   2010   C841'.54   C2010-901047-7

Distribution au Québec : Prologue • 1650, boul. Lionel-Bertrand • Boisbriand (QC) J7H 1N7 • 450-434-0306

 Ancrées dans le Nouvel-Ontario, les Éditions Prise de parole appuient les auteurs et les créateurs d'expression et de culture françaises au Canada, en privilégiant des œuvres de facture contemporaine.
La maison d'édition remercie le Conseil des Arts de l'Ontario, le Conseil des Arts du Canada, le Patrimoine canadien (programme Développement des communautés de langue officielle et Fonds du livre du Canada) et la Ville du Grand Sudbury de leur appui financier.

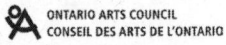

 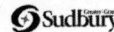

La Bibliothèque canadienne-française est une collection dont l'objectif est de rendre disponibles des œuvres importantes de la littérature canadienne-française à un coût modique.

Conception de la page de couverture : Patrice Desbiens et Olivier Lasser

Tous droits de traduction, de reproduction et d'adaptation réservés pour tous pays.
Imprimé au Canada.
Copyright © Ottawa, 2010 [1997], [1995], [1988]
Éditions Prise de parole
C.P. 550, Sudbury (Ontario) Canada P3E 4R2
http://pdp.recf.ca

ISBN 978-2-89423-247-7

Scénario
pour une préface fissurée

Scène 1 : La peau de banane

Quand j'ai annoncé, non sans un brin de fierté, à mon fils, fervent amateur de Patrice Desbiens, que la maison d'édition Prise de parole m'avait pressenti pour écrire la préface d'une réédition de trois de ses recueils réunis en un volume, sa réaction m'a pris de court :

— Tu veux dire le texte d'introduction que personne lit jamais ?

Voyant ma mine déconcertée, il ajouta en guise de justification, et comme pour me réconforter :

— Tu sais, pa, je pense pas que Patrice Desbiens lit les préfaces des livres de poésie, y passe sûrement tout de suite aux poèmes.

Et vlan ! Ma belle « station wagon » rutilante de chrome venait d'être sauvagement torpillée et coulait à pic au fond d'une piscine de Coca-Cola, pour reprendre une image du poète. Du coup, je me voyais dans son appartement, au milieu des câbles, des lumières et des caméras, dans le rôle du détestable anthropologue de la parole en train de tout tourner en singeries.

Scène 2 : Parti pour la... gloire ?

Desbiens lit-il les préfaces de recueils de poésie ? Lira-t-il même celle-ci ? Je n'en sais rien. Je sais, cependant, suite à nos conversations tous azimuts depuis une bonne trentaine d'années, que la simplicité désarmante de ses textes procède d'un vif esprit de synthèse qui lui permet de cerner rapidement l'essentiel d'une situation et de le rendre en quelques phrases incisives.

Aussi, en relisant *Poèmes anglais*, *Le pays de personne* et *La fissure de la fiction*, tour à tour, sans l'interruption des années qui en ont séparé la publication initiale, ce qui frappe c'est la cohésion remarquable de la vision du poète tout au long de la décennie sans contredit la plus tumultueuse de sa vie.

Les critiques et les lecteurs ont, avec raison, amplement manifesté leur engouement pour les recueils dits sudburois. Il n'est donc pas surprenant que, des sept recueils réédités jusque-là, cinq appartiennent à cette période fondatrice de 1979 à 1988 : *L'espace qui reste*, *Sudbury* et *Dans l'après-midi cardiaque*, réunis dans le livre *Sudbury, Poèmes 1979-1985*, en 2000 et repris en 2007 ; et le duo *L'homme invisible / The Invisible Man* et *Les cascadeurs de l'amour* paru en 1997 et repris en 2008. La présente réédition de *Poèmes anglais*, recueil publié initialement en 1988, boucle donc la boucle, et donne au public un accès facile aux six recueils et récits de cette époque phare dans l'œuvre du poète.

Scène 3 : Les autres poèmes anglais

Ces *Poèmes anglais* ne sont toutefois pas les premiers. Quatre ans auparavant, en août 1984, Prise de parole lance *Rauque*, une revue de création depuis défunte. Desbiens y contribue *Poèmes anglais*, un texte composé de huit courts poèmes qu'on retrouve cinq ans plus tard sous le titre « La seule métaphore » dans le recueil *Amour ambulance*. Faut admettre que le glissement de titre, en soi, est intrigant.

Il faut cependant remonter vingt ans plus tôt pour découvrir les « vrais » poèmes anglais de sa jeunesse. En effet, quelques années après la mort de sa mère — son père est décédé quand il avait quatre ans — Patrice Desbiens, adolescent, quitte Timmins, sa ville natale, pour se rendre à Toronto sur le pouce. Le copain qui l'accompagne en cavale pourra toujours revenir au bercail, mais Desbiens sait d'ores et déjà que pour lui cette rupture est définitive et, de fait, il ne reviendra plus jamais vivre à Timmins.

On est en 1968 et les nombreux « coffee houses » de la rue Yorkville sont le centre névralgique de la culture hippie torontoise. Profitant de l'air du temps, Desbiens passe de divan en divan, chez les uns et les autres. Dans le numéro de juillet-août 1968 du journal underground *Harbinger*, sous-titré « Toronto's free press », Patrick Desbiens signe deux poèmes en langue anglaise et d'autres textes, toujours en anglais, suivront dans des numéros ultérieurs. Un an plus tard, en septembre 1969, toujours à Toronto, Desbiens dirige maintenant la page de poésie du *Eye Opener*, le journal étudiant au Ryerson Polytechnical Institute, aujourd'hui la Ryerson University, et ce, sans même y être inscrit. Entre 1969 et 1971, il y contribue régulièrement des poèmes ainsi que des articles sur l'actualité culturelle qu'il signe Pat Desbiens ou tout simplement Pat. Il fait aussi paraître les textes d'autres « illustres inconnus », dont un certain Bruce Cockburn qui gratte sa guitare dans le café étudiant.

Inutile de préciser que ces premiers textes de jeunesse sont de qualité très inégale. Il y en a plusieurs que le poète souhaiterait sans doute voir disparaître à tout jamais. Dès qu'il est sujet d'une femme ou d'une peine d'amour, par exemple, on est en présence du spleen d'un jeune homme typique surnageant dans une soupe de testostérone. Mais là n'est pas la question. Ce qui mérite de retenir l'attention, c'est l'émergence, déjà à cette époque, de la voix du poète, de sa sensibilité écorchée, de sa capacité de dépeindre avec des mots simples une réalité qui ne l'est pas.

Scène 4 : Le pays de la médisance

Le recueil *Poèmes anglais* est un livre sans merci qui ne laisse planer aucun doute sur l'état d'esprit de son auteur en 1988. Dix ans auparavant, alors qu'il vivait à nouveau à Toronto après un détour de quelques années à Québec, Desbiens s'était rendu aux arguments du poète Robert Dickson, qui devint son plus grand fan et fidèle compagnon de route, de se rapprocher de la francophonie ontarienne. Desbiens s'installe donc à Sudbury. Mais après une décennie dans la ville du nickel, malgré la reconnaissance critique et populaire dont il jouit, sa relation d'amour et de haine non seulement avec la ville qui l'a vu naître en tant qu'écrivain majeur de l'Amérique française mais aussi avec l'Ontario français tout entier est à l'agonie. Il n'en peut plus. Quelque chose est sur le point de lâcher. *Poèmes anglais* est la chronique impitoyable de cette rupture.

Le recueil annonce ses couleurs orageuses dans un préambule tout à fait exemplaire du fulgurant esprit de synthèse de Desbiens. En remontant à la source étymologique du mot «bilingue», il nous fait découvrir la notion de médisance. Pour le poète, ce «mé-dire», c'est-à-dire cette incapacité à dire correctement, à articuler complètement sa pensée et ses émotions constituent le plus grand dénigrement qu'on puisse subir. Pire, le minoritaire se l'inflige souvent lui-même. Desbiens cite ensuite Debbie Courville, ancienne propriétaire d'un *Larousse de poche* acheté d'occasion par l'auteur et qui hante le recueil comme une amoureuse fantôme: «I am French, but I don't speak it.»

On reproche parfois à la poésie de Desbiens d'être crue. Soit, ce préambule a toute la délicatesse d'une gauche au plexus solaire, suivie d'une droite au menton. Mais en l'absence de fioritures, il faut lui reconnaître son efficacité foudroyante. Si l'écriture de Desbiens favorise la simplicité d'expression, c'est justement pour mieux mettre en évidence l'incontournable authenticité de son propos.

Scène 5 : Comment devenir chroniqueur pour les nuls
Desbiens est un magistral chroniqueur du quotidien. C'est son matériau de prédilection. Debbie Courville existe peut-être, mais elle peut tout aussi bien provenir de l'imagination du poète. Dans un cas ou l'autre, son nom de famille est parfaitement apparié à son rôle de personnage desbiennesque, car c'est bien connu, Courville, village voisin de Lavalléville, c'est le cul-de-sac où les petites gens sans moyens passent leurs vacances, c'est l'impasse du «Franco-Ontarien / cherchant une sortie / d'urgence dans le / Woolworth démoli / de ses rêves».

Le quotidien, toujours le quotidien, celui du poète et celui des petits sans défense devant les affres d'une société de consommation sauvage. Le quotidien invisible, non pas parce qu'il se cache ou qu'il est occulte, mais plutôt parce qu'il échappe à notre attention dissipée toujours à l'affût de la prochaine sensation forte alors que l'essentiel nous berce tout le temps en murmures.

Poèmes anglais débute tel un manuel d'instruction de l'écrivain, tel un *Comment devenir chroniqueur pour les nuls* :

Je veux écrire maintenant.

Je regarde par la fenêtre

Que voit-il? Dans un premier temps, un parking et des enfants qui jouent à la guerre. Plus tard, de retour à Sudbury après un bref séjour à Montréal qui se termine par des «DIFFICULTÉS TEMPORAIRES» du genre «Please do not adjust your set, you are now entering The Outer Limits», le stationnement s'est transformé en prison et les enfants en détenus. On ne joue plus à la guerre, on ne fait plus semblant d'être blessé. Sept ans plus tôt, *L'homme invisible / The Invisble Man*, alias Audie Murphy, se targuait de savoir comment mourir avec brio et il mourait souvent. Maintenant le poète « donnerai[t] / n'importe quoi / pour que Desbiens / ne soit pas obligé / de jouer à être / Desbiens ». Il « essaie d'oublier / que demain sera / encore / hier » et il trinque avec l'un de ses poètes fétiches, Richard Brautigan, qui s'est fait sauter la cervelle avec un revolver Magnum quatre ans plus tôt, « en pensant qu'il / est trop tard / pour mourir jeune ». Et s'il faut mourir, alors « mourir ailleurs. / N'importe où mais / pas ici ».

En 1988, le Sudbury de *Poèmes anglais* c'est la ville où dans l'autobus « une Franco-Ontarienne dit à / une autre Franco-Ontarienne : / "Tu sais, il y a du monde / qui sont vraiment pas / considérables..." ». C'est la ville où on « improuve » son français et où l'autobus interrégional « vous débarque / devant un salon funéraire / où il n'y a jamais de taxis / et c'est toujours / l'hiver ».

Sudbury, et du coup tout l'Ontario français, c'est un pays où « poète rime avec... / ... rien... », où la poésie « [c]'est des livres du gouvernement » vendus à rabais. « Mon pays est une / carte de Noël / imprimée aux / États-Unis », c'est un pays où « le futur se conjugue / mal et / le passé n'est jamais / simple ».

« Le téléphone sonne à / 2 h du matin : / "Allô ! Allô ! Debbie Courville ?..." » Non, c'est sa nièce « Constance "Connie" Maltais / Duclos Desloges ». Peut-on provenir de souches plus francophones ? Elle veut acheter les livres du poète, tous ses livres, même s'il y en a beaucoup. « "You only write in French, / right?" » Ce n'est pas grave. « "[...] send me your / books, I'll try to read / them... Maybe if I get real drunk / my French will come back..." »

À une époque, Desbiens pouvait toujours compter sur les qualités salvatrices de l'amour, même quand il le laissait tomber. Il pouvait s'y accrocher telle à une bouée de sauvetage. Pas dans *Poèmes anglais*. Même l'amour de Debbie Courville, s'il réussissait à la trouver, ne saurait le sauver, car « après l'amour, / le drap jusqu'au cou / comme dans un film / américain » ne lui demanderait-elle pas « "Do you ever write / anything in / English?" »

Dans *Poèmes anglais*, « le poète parle dans le vide / et si je bois / comme un trou / c'est parce que / je suis un trou / un trou de mémoire / où tout entre et / rien ne sort ». Dans ces conditions, inutile, impossible d'aspirer à l'amour. C'est plutôt le poème qui aspire tout, absolument tout comme un béant trou noir. Le poète, prisonnier de son poème, aspiré mais incapable d'expirer, le souffle coupé en permanence, suspendu dans le vertige de la médiocrité inculte. Seul, isolé, aliéné. « Si j'écris à la / première personne du singulier / c'est qu'il n'y a / personne d'autre / ici. »

Poèmes anglais c'est la chronique de l'anéantissement de l'écriture médisante à Sudbury, Ontario, Canada. C'est l'écriture qui s'engouffre dans tous les puits de mine de Sudbury à la fois et qui s'écrase au fond à 200 km à l'heure, au ralenti... sans faire le moindre bruit. C'est le recueil sépulcral des derniers poèmes de graphie française médiatisés par une société anglaise.

Aussi, à la fin, le poète ne veut plus écrire. « Je veux parler maintenant ! »

Scène 6 : L'ambulance se dépêche pour rien
En avril 1988, Patrice Desbiens se rend au Salon du livre de Québec pour y lire sa poésie et il ne revient pas. Tout comme il a quitté Timmins vingt ans plus tôt, il rompt d'un coup sec avec Sudbury et avec « le trou de mémoire » du poète franco-ontarien enterré vivant. Il veut parler, il veut dire, et non « médire ». *Poèmes anglais* ne paraîtra que six mois plus tard, mais le poète veut se souvenir maintenant.

En juillet 1989, comme pour marquer ce changement, il publie *Amour ambulance* aux Écrits des Forges, à Trois-Rivières. Abstraction faite de ses trois premiers recueils publiés à compte d'auteur au début des années 70, c'est la première fois que Desbiens publie ailleurs qu'à Prise de parole. *Amour ambulance* est une sorte de retour aux sources. D'abord, les 65 poèmes qui composent le recueil sont tous courts, parfois très courts. De ce point de vue, cela rappelle *Les conséquences de la vie*, son tout premier livre chez Prise de parole. Ensuite, on n'y trouve aucune trace de l'angoisse identitaire qui marquait ses écrits depuis *L'homme invisible/The Invisible Man*. Autre fait à noter : un peu plus d'un quart des textes a déjà été publié auparavant dans des revues littéraires et la majorité remonte à la période sudburoise, ou dans le cas de « La petite missionnaire américaine... » à *Larmes de rasoir*, son deuxième recueil paru à compte d'auteur, en 1973, sous forme de manuscrit polycopié. Desbiens procède-t-il ainsi à un délestage ou à une purge ? Peut-être bien, mais il faut savoir qu'il travaille et retravaille ses poèmes sans cesse. Au fil des ans, il n'est donc pas rare de le voir publier plusieurs versions d'un même texte dans des revues littéraires, parfois obscures, avant de les faire paraître dans un recueil. Même là, il lui arrive d'apporter d'autres modifications et de republier un poème dans plus d'un recueil.

De 1977 à 1987, Patrice Desbiens publie un livre tous les deux ans avec la régularité d'un métronome, et *Poèmes anglais* et *Amour ambulance* paraissent coup sur coup à un an d'intervalle. Puis, plus rien. Le calme plat durant six ans. Le poète tombe-t-il en panne d'inspiration après avoir quitté l'Ontario ? Non, cette apparente disette relève plutôt des aléas du monde de l'édition et de ses relations tortueuses avec ses éditeurs. En 1995, quand la digue se rompt, c'est le sublime *Un pépin de pomme sur un poêle à bois*, composé de trois recueils distincts, qu'on découvre, et dont *Le pays de personne* ouvre le bal.

Scène 7 : Échec et Pat

Le pays de personne débute par une citation d'Alain Grandbois, généralement considéré comme le premier grand poète québécois des temps modernes : « Je fais appel à vous tous du fond de mon / exil / Je ne vous avais trahis que pour une nouvelle / blessure. » Est-ce une forme de repentir ? Desbiens exprime-t-il ainsi des regrets d'avoir quitté l'Ontario français ? Certainement pas. Il suffit de lire *Poèmes anglais* pour comprendre que le poète était sur le point d'être englouti. Devant cette impasse, c'est une question de survie, il lui faut quitter l'Ontario « où ses deux cerveaux étaient toujours en chicane ». Mais la citation de Grandbois en guise de préambule témoigne à nouveau de la lucidité de Desbiens. Elle fait office de pierre de Rosette qui donne la clé du recueil, de condensé qui annonce ce qui vient.

Le tout premier poème, « Cambrian Country », nous replonge dans l'abattement de *Poèmes anglais*. Le poète décrit son passage au collège Cambrian, à Sudbury, où son bon ami, Cédric Michaud, a mis la poésie de Desbiens au programme d'un cours de littérature. Sa critique de la vacuité de cette belle jeunesse franco-ontarienne est cinglante au point d'être cruelle. Dans la salle de classe...

> ça sent le Brylcreem et le Big Mac —
> ça sent le café et le cul —
> le silence de leur regard me
> cloue à la lumière des néons —
> [Les étudiants] sont tranquilles comme une
> photo —
> c'est un interrogatoire où on ne se
> pose pas de questions —
> je regarde ma montre avec la
> nervosité d'un terroriste —
> les gars veulent tous être des

polices et les filles veulent toutes
être des
assistantes dentaires —
je me sens soudainement comme
un terroriste avec un affreux
mal de dents — »

... et le ciel de Sudbury a « la couleur d'un / chèque de chômage ».

Quand ces lignes paraissent, Desbiens a quitté l'Ontario depuis plus de six ans. Après tant d'années, ce portrait au vitriol a de quoi surprendre. Mais le poète n'est pas animé par le dépit ou un esprit de vengeance. Au contraire, tel un joueur d'échec osant une ouverture peu orthodoxe, c'est un coup purement tactique qui a pour but de bien mettre en évidence sa véritable cible : son pays d'exil et sa nouvelle blessure.

Scène 8 : Nouveau pays, même blessure

Patrice Desbiens est le Lenny Bruce de la poésie. Au sujet de ce dernier, il écrit dans *Les conséquences de la vie* : « Il fait rire / aux larmes. / Il donna l'arme / au rire. » Qui plus est, le poète n'hésite jamais à se dérider lui-même. N'est-ce pas lui, le Québécois de « Wrong Bus », deuxième poème du *Pays de personne*, qui monte à bord d'un « autobus plein de touristes américains » ? Il « voulait prendre la 8 pour Limoilou » et maintenant il « veut débarquer / il veut s'en aller chez eux / mais il est déjà chez eux » et le chauffeur d'autobus « c'est Jack Nicholson qui dit / "Nice country you got here... / How much do you want for it?..." »

Desbiens quitte l'Ontario pour le Québec, mais une fois sur place, il constate que plus ça change, plus c'est pareil. À Sudbury, on boit sa bière bien calé dans la pénombre de la Coulson ou du Whistlestop « Home of the Blues ». À Québec, on fait peut-être la fête sur une terrasse en plein air, mais « sans pays apparent / [les gens] chantent des / chansons sans paroles / […] et quand / la facture arrive / ils se tranchent / les poignets avec / leurs cartes de / crédit / et les serveuses se / sauvent avec les / bébés parce qu'à / trois mille piastres / la tête / on fourre pas / le chien. » Plus loin, « sur la rue Saint-Jean / il y a de plus en plus de monde / qui se parlent / tout seuls / comme des / Franco-Ontariens ». Devant le Howard Johnson, c'est « un troupeau de petites Anglaises », et non pas un trou de mémoire, qui aspire le paysage « [c]haque fois que l'une d'elles / prend une photo ».

À mille kilomètres de Sudbury, la tare de l'assimilation ronge Desbiens par en dedans comme l'Alzheimer, et il s'enfuit du « hardware store », incapable de se souvenir comment dire « can opener » et « cork screw » en français. Il essaye de rattraper l'écriture mais « [i]l y a des mots qui ne me / reviennent pas. / […] C'est comme si on m'avait fait / une vasectomie de la langue. / Elle bande toujours mais elle / ne fera plus jamais d'enfants. »

Son statut « d'émigré » franco-ontarien à Québec n'arrange évidemment rien, mais tout au long du recueil Desbiens associe manifestement son mal de vivre à un malaise collectif dans son nouveau pays d'adoption où « [o]n se sent comme / un employé / même avec nos amis » et où « [o]n s'appelle boss / entre nous » par « déformation professionnelle ». Ce pays où il est accablé de « voir un peuple se battre sur / la glace mince de ses espoirs / un peuple payé pour se battre / devant des spectateurs qui se / réveillent juste pour les batailles / et vont pisser durant les / beaux jeux ».

Malgré tout, le ton et les propos du *Pays de personne* sont beaucoup moins acharnés que ceux de *Poèmes anglais*. Desbiens livre de nombreux textes empreints tantôt de douceur, tantôt d'ironie, et parfois des deux à la fois. En témoigne la petite fille sur le train qui, après avoir tenté vainement d'engager la conversation avec une dame de langue anglaise qui a le nez fourré dans son guide touristique sur la ville de Québec, demande à son grand-père : « "pourquoi la madame / parle pas français ?... / es-tu malade ?..." » Il rend hommage à sa façon inimitable à Jaco Pastorius, le contrebassiste battu à mort par deux « bouncers » ; au batteur extraordinaire Ginger Baker ; au poète William Carlos Williams ; et même à Félix Leclerc et Van Morrison dans un seul et même texte. Son poème « Caisse pop » sera immortalisé en musique par Richard Desjardins, avec qui il partagera le Félix du meilleur scripteur de spectacle pour les textes d'enchaînement du spectacle *Kanasuta*, au gala de l'ADISQ en 2004. Il a même un mot tendre pour le village de Lavigne, en Ontario, où « tout le monde / parle français / et // s'en aperçoit / même / pas ».

À Québec, la situation socioéconomique de Desbiens n'a pas évolué d'un poil. Il tente bien de mener une vie normale et, pendant un temps, il y parvient. Mais Desbiens ne vit que de son écriture et la précarité financière le suit partout comme son ombre. Le poème « La femme invisible » décrit éloquemment sa vie de couple sur la corde raide du Bien-être social. Le B.S. en français ; la B.S. en anglais. « Domestic bliss », la blessure domestique. Le temps que ça dure, il glisse entre les jambes de sa blonde « aussi facilement que je / glisse entre l'anglais et / le français. // Mais ça fait moins / mal... »

La douleur et le désarroi ne sont jamais loin néanmoins. Sa blonde s'en va. « [J]e suis seul maintenant / avec ma poésie et / mon sexe en berne. » Le poète passe faire des provisions au dépanneur : « une bouteille de Cousins de / France / un paquet de cigarettes et / une couple de cannes de binnes », mais quand il passe à la caisse, il découvre qu'il n'a que des roches de Sudbury et de Timmins au fond des poches. Il interroge le caissier : « c'est de l'argent franco-ontarien / c'est quoi le taux de change ? » Dans « Delirium Timmins » il est presque dans la rue, incapable de se payer l'interurbain pour rappeler un professeur verbomoteur qui veut traduire sa poésie en anglais.

En fin de parcours, le poète écrit « maintenant une sorte de poésie / perdue dans ce pays où je ne suis que / sous-locataire ».

je suis un bum
un sans-abri de la poésie.
[...]
Je suis le pays de personne
je suis un Canadien erreur
errant le long des rues de
Québec

Au bout de son rouleau, le poète « ne sai[t] pas [s'il] devrai[t] / sauter dans l'autobus pour / Sudbury ou sauter devant / l'autobus pour Sudbury. »

SCÈNE 9 : L'EFFET DU BONHEUR POUSSÉ PAR LE TEMPS
Après trois ans, Desbiens quitte Québec avec une valise et ses manuscrits sous le bras, non pas pour Sudbury, mais pour Montréal, où vivent déjà bon nombre d'artistes franco-ontariens « exilés ». On est en 1991 et *Le pays de personne* ne paraîtra que trois ans plus tard. Mais la fréquence des publications n'a aucune incidence sur sa production ; le poète écrit tous les jours, il écrit comme il respire, car l'écriture c'est son souffle.

En 1997, *L'effet de la pluie poussée par le vent sur les bâtiments* paraît aux éditions docteur Sax, une petite maison de Québec dont le nom est un clin d'œil au roman éponyme de Jack Kérouac. C'est un livret à tirage limité soigneusement présenté dans lequel on trouve onze textes dédiés *À Michelle / tout simplement*, la « femme invisible » citée plus haut. Ce recueil, augmenté, sera réédité chez Lanctôt Éditeur en 1999. J'en parle ici, trop brièvement, pour deux raisons : d'abord, parce que c'est un instantané du bonheur que Desbiens a vécu avec cette femme à Québec, et que le bonheur est une denrée rare et d'autant plus précieuse dans son œuvre ; ensuite parce que ces textes en prose annoncent le roman en gestation, le roman avorton qu'est *La fissure de la fiction*.

Scène 10 : C'est comme ça
Dans *Poèmes anglais*, Desbiens « veut écrire » ; dans *La fissure de la fiction*, « il veut écrire un roman ». Dans *Poèmes anglais*, il écrit à la première personne du singulier, sauf une fois, dans le train qui le mène à Montréal quand « [c]omplètement aliéné de / lui-même / il ne peut qu'écrire à / la troisième personne du singulier / de cette langue / qui lui tangue / dans la bouche / comme un saumon / remontant des rapides », mais un saumon qui ne fraye plus, comme on l'a vu plus tôt. Dans *La fissure de la fiction*, l'aliénation est totale, et le recueil se conjugue entièrement à la troisième personne du singulier.

La fissure de la fiction, c'est un cauchemar dont le poète n'arrive pas à se réveiller, c'est un rêve où il rêve qu'il se réveille, c'est une longue séquence d'hallucinations s'emboîtant les unes dans les autres à l'infini comme un diabolique jeu de poupées russes. C'est un souque-à-la-corde entre le roman et la poésie, un bras de fer entre la fiction et la réalité, un tango infernal entre l'inspiration du for intérieur et la bêtise « d'une société simpliste / qui résume sa propre stupidité / par la phrase : / C'est comme ça. »

Pourtant, l'histoire, car *La fissure de la fiction* c'est d'abord et avant tout une histoire que le poète se raconte à lui-même, débute de façon presque anodine par une phrase toute simple : « Il faut dire qu'il se sent bien / seul. » À noter : la césure stratégique et le double sens, la lame à deux tranchants de ce « bien seul ». À Montréal, Desbiens n'a plus de pays, il n'a plus de femme. Il habite un minuscule appartement, véritable cellule monastique, dont le fidèle chien de garde est une petite chaufferette Black & Decker qui ronronne à ses pieds et, faute de pouvoir « remplir » sa blonde comme au temps de sa jeunesse, il en est réduit à remplir un formulaire du Conseil des arts dans lequel il explique son projet de roman qui s'intitulera *FICTION*. Il est obligé de s'adresser au Conseil des arts car la poésie « [c]'est la littérature des pauvres. / Il veut écrire un roman. / Mais pour le moment il est trop / pauvre. » Ça fait déjà un temps que son pays et que sa blonde l'ont laissé tombé. « Il n'aura pas la bourse. / C'est comme ça. »

Desbiens se tient donc seul, face au monde, face à lui-même, face à son projet de roman. Il n'a pas peur. « Il faut dire que la solitude pour lui / est une habitude. / Une maladie, comme l'alcool. » Après tout, il en a déjà vu bien d'autres, « il a subi la plus / grande peine d'amour : / venir au monde ». Il rêve au roman, rumine le roman, remonte jusqu'au roman, tombe dans son roman et, toujours, le roman lui échappe comme un rêve particulièrement vif qui, chaque matin, au réveil, se dissipe juste au moment où on est sur le point de s'en souvenir. Le poète se livre à une série d'allers-retours de plus en plus fébriles entre son appartement et le bar, entre son lit et sa table de travail ; d'oscillations de plus en plus débridées entre le présent et le souvenir, entre Montréal et la source.

Dans un premier temps, il sort de chez lui, emprunte la rue Saint-Denis et « tourne à gauche sur Ontario / s'éloignant encore un peu plus de / l'Ontario qui est et sera toujours / sur son dos comme une boule de / bowling ». Dans un second, sous les projecteurs d'une scène où on l'a invité à lire sa poésie, il n'arrive qu'à lâcher un cri et il se sauve en courant « vers l'ouest sur la rue Ontario. / Vers l'Ontario. / Vers Sudbury. / Vers la source. / [...] Où réside la résolution de son roman. » En rentrant chez lui, la fissure dans laquelle s'est engouffré le concierge de son immeuble palpite au pied de l'escalier menant à sa chambre comme une blessure infectée qui refuse de se cicatriser et qui grandit de plus en plus par en dehors comme par en dedans. Et partout où il est, partout où il va, un caméraman soûl le suit en gros plans.

Scène 11 : Les insolences d'une caméra
La culture de Patrice Desbiens est vaste et plurielle, mais elle est indéniablement enracinée dans le terroir américain, d'où l'abondance, entre autres références, des motifs hollywoodiens et filmiques dans l'ensemble de son œuvre : « accident par-dessus accident / c'est filmé au ralenti / on voit tout » (*L'espace qui reste*) ; « Sudbury passe dans les vitres de la voiture comme / un film brisé » (*Sudbury*) ; « La chambre, l'espace même où je suis est / soudainement brassé de gauche à droite comme / si quelqu'un avait bousculé le caméraman / dans ma tête » (*Dans l'après-midi cardiaque*) ; « Tout est sexe et cinéma. / Silence, on crie » (*Les cascadeurs de l'amour*) ; « tandis que le / Québécois comme une victime dans / un film de Stephen King / hurle comme un Anglais au / Carnaval de Québec » (*Le pays de personne*) ; et « Je veux être dans / un film / avec toi // Un film où / il n'y a pas de / figurants » (*Rouleaux de printemps*) pour ne citer que ces quelques exemples.

Dans ces recueils, outre la trivialité bâtarde associée aux simulacres d'Hollywood, le cinéma joue un rôle relativement inoffensif, sinon carrément comique. Or, dans *La fissure de la fiction* c'est tout le contraire. L'omniprésent caméraman suit l'auteur « comme un diable » et le harcèle sans répit. Le cœur du poète « bat comme la claquette / d'un film qui se tourne dans la / fenêtre où il est assis ». Ainsi, alors qu'auparavant Desbiens trouvait son inspiration poétique en regardant par la fenêtre, ici, la caméra a fait volte-face, elle est à la fenêtre du chroniqueur, et c'est l'âme même de l'écrivain qui est mis en scène dans le roman. Les cinéphiles ne manqueront pas de remarquer le lien de parenté entre ce dispositif dramatique et le scénario du film *The Truman Show* mettant en vedette un autre caméléon d'origine canadienne, Jim Carrey. *La fissure de la fiction* a toutefois devancé la sortie du film de deux ans, Desbiens en ayant terminé l'écriture à l'été 1996.

Dès 1968, dans un de ses tout premiers poèmes anglais paru dans *Harbinger*, Desbiens revendique pour la poésie le pouvoir de charcuter: le lecteur «[...] must / be shown films of his body being tortured in the fireplace of the / universe's eye». Dans *La fissure de la fiction*, c'est non seulement la chair mais l'esprit même du poète qui sont livrés au supplice et «[i]l rêve qu'on passe un vidéo / de lui qui lit ses poèmes à / Drôles de vidéos». Écartelé sur le chevalet de l'écriture, le poète déchiré se démultiplie et «de son lit il se voit assis à sa table / de travail en train d'écrire son / roman tandis qu'il y a une troisième / version de lui même qui se promène dans / la place / [...] et / il se demande comment ils font tous / pour vivre ensemble dans ce corps.» L'appartement et le for intérieur du poète sont en état de trop-plein alors qu'à l'extérieur la fissure de la fiction s'ouvre grande et s'apprête à tout engloutir.

Le poète «vit dans un pays où / il n'y a plus de fiction», dans un monde où l'imaginaire porte la marque de commerce de CNN. «"Hey, we got some good / dead baby..." me dit le / caméraman.» Aux yeux de Desbiens, le monde fait plus que de le laisser tomber, fait bien pire que de le laisser tomber, il le maintient dans une inanité monstrueuse et nécrosée. La fissure remonte jusqu'au poète et commence à lui pousser sur le corps comme un bobo. Avant d'être irrévocablement gangrené, il excise le roman, telle une tumeur, sort de l'immeuble au moment où celui-ci implose et s'en va prendre l'autobus pour Sudbury où on l'a invité à une soirée de poésie. Il dira aux gens qui sont venus l'entendre que:

l'écriture est la recherche du silence

mais ça fait du bruit
quand même.
Ou il leur dira rien.
Ou pire
il leur dira tout.
C'est comme ça.

Scène 12 : La dernière grimace

À ce jour, Patrice Desbiens habite toujours le même immeuble montréalais de la rue Saint-Denis où *La fissure de la fiction* a vu le jour. Ce recueil a fermé la boucle d'un itinéraire houleux qui l'a mené de Sudbury à Québec et ensuite à Montréal. Les trois recueils réunis dans le présent volume incarnent le combat tourmenté qu'il a mené sur une dizaine d'années, confronté, à tour de rôle, aux difficultés d'être un poète franco-ontarien en Ontario, d'être un poète franco-américain en Amérique, et enfin d'être un poète tout court dans un monde où la poésie passe pour une activité frivole et sans conséquence, ou pis pour une pure perte de temps. Évidemment, tout au long de cette période, Desbiens n'a jamais cessé d'être poète franco-ontarien ou franco-américain, pas plus qu'il ne cessera jamais d'être écrivain. Et il a démontré hors de tout doute qu'il est capable d'en assumer pleinement les exigences. Mais à l'époque, rien n'était joué d'avance et ce remarquable trio de recueils illustre l'acharnement avec lequel il a mené cette lutte sans merci et a triomphé.

Poèmes anglais, *Le pays de personne* et *La fissure de la fiction* constituent les trois actes d'un arc dramatique où un poète va aux tréfonds de lui-même pour exorciser ses démons, quitter ses chimères et arriver à la source de son art. Personne ne l'y force et il pourrait facilement s'y soustraire, sauf qu'il ne sait pas comment faire autrement. Certains prétendent que Desbiens se complaît à jouer Desbiens. Ceux-là ignorent le courage et la rigueur dont le poète a toujours fait preuve afin de bien faire ce qu'il fait mieux que toute autre chose : être authentique.

Le cinéaste polonais Krzysztof Kieślowski a dit : « Un artiste c'est quelqu'un qui sait. Moi, je ne fais qu'utiliser mon métier pour partager mes doutes avec les spectateurs. » Depuis plus de quarante ans, et dans plus de deux douzaines de recueils et de récits poétiques, Patrice Desbiens s'efforce du mieux qu'il peut de nous « donner la certitude du doute » pour citer *La fissure de la fiction*.

Dans son recueil *Hennissements*, paru en 2002, Desbiens écrit au sujet des « dissertateurs » littéraires dont je suis maintenant :

On perd nos poèmes
on archive notre
sang
pour que
dans le futur
quelqu'un maîtrise
notre maladresse.

En supposant qu'il se rende jusqu'à ces lignes-ci, j'espère qu'il ne trouvera pas cette esquisse narrative de ses trois recueils trop maladroite. Sans thèse en tête, j'ai simplement voulu saluer sa grande maîtrise.

Jean Marc Larivière
Ottawa, avril 2010

Poèmes anglais

1988

*Ce livre est pour Jeannette
de Sudbury, Ontario, Canada.*

Bilingue (bi-ling) adj.
(ÉTYM. Emprunté du lat. «bilinguis»
m.s. — se trouve au XIIIe siècle au sens
figuré de médisant.)

«I am French, but
I don't speak it…
Do you want more
coffee?»

Debbie Courville

I

Je veux écrire maintenant.
Je regarde par la fenêtre
sur un parking.
Il y a des enfants qui
tirent l'un sur l'autre
entre les voitures stationnées.
Les blessés sont nombreux
mais blasés.
Ils ont la guerre dans
leurs petits cœurs et
j'ai peur.

Mes doigts dorment sur
le piano de la page.
Je cherche le premier accord
du poème que je veux
écrire.

L'accord qui me remettra
sur le palmarès
de la parole.

Je veux écrire maintenant.
Parler pour parler.
Mot pour mot.
Dent pour dent.

Je me parle tout seul.
Je me mens comme
un gouvernement.

Je me mens comme
des amants.

Tout m'inspire et
rien m'inspire.

J'irais au dépanneur
me chercher une bière
ou
une bouteille de vin
ou
des cretons
et
une bouteille de
Saint-Antoine-Abbé.
Mais je suis pogné avec
un gros sac de chips
sel-vinaigre
et une bouteille de
Coke Classique en plastique
pour mon rhum.

Tout m'aspire et
j'aspire rien.

II

À Sudbury
il y a des
magasins de meubles
et des
restaurants chinois.

Il y a des maisons
et des saisons
comme partout ailleurs.
Et tout le monde
vient d'ailleurs ou
veut être ailleurs.

Je me masturbe
mélancoliquement et
méthodiquement
comme Jean-Paul Sartre :
entre le bien-être et rien.

Radio-Canada de Montréal
me parle comme à un
chien savant.
J'aboie, chien affamé dans
une cuisine sans maître.

III

Je suis couché
sur le dos dans mon lit.
J'écris ces mots
au plafond
avec les deux petits marteaux
de mes yeux.

Mais les accents
s'envolent comme des
mouches et
les mots retombent

sur moi
lettre par lettre
syllabe par syllabe
et soudainement
je suis couvert
de mon poème
brisé.
Mes pieds dépassent
au bout
comme un cadavre.

IV

À CBON, Louise Latraverse
récite ses recettes
comme de la poésie.

Novembre pas de jambes
et les oiseaux sont
gelés aux arbres
comme des
boules de Noël.

Vous remarquerez les
nombreuses métaphores.
Le Franco-Ontarien a
besoin de métaphores.
Comment ça va ?
Comme ci.
Comme ça.
Comme est un adverbe
et une alerte à la métaphore.

« De même que, autant que,
tel que : un homme comme
lui.
Presque, en quelque façon :
il est comme mort.
En qualité de : agir comme
délégué.
Combien, à quel point :
comme il est bon !
De quelle manière :
comme il parle !
Tout comme, pareil. »
Tiré du Larousse de Poche
page 74
que j'ai acheté au
Bay Used Books pour
1,75 $.
Ce livre a déjà appartenu
à
Debbie Courville et
le vent descend la rue
Elm comme
un transport de billots
qui a perdu les freins.

V

Le téléphone sonne
à 5 h du matin :
« My name is Debbie.
I saw you thru
your window and

I couldn't help
noticing
the bulge in
your pants…»

Je raccroche et
je regrette.
Mon cœur devient un
œuf poché.
Mes yeux chauffent comme
deux ampoules de 60 watts.
Est-ce que c'était
Debbie Courville?
Est-ce que c'était
une ruse pour ravoir
son dictionnaire?

Est-ce qu'elle était
belle?
Est-ce qu'elle faisait
des mots croisés?
Est-ce que finalement
elle parlait français
quand on lui faisait
l'amour?
Est-ce qu'elle prenait
la pilule?
Est-ce qu'elle aimait
la poésie?
Est-ce qu'elle l'avait vue
nue sans jamais
l'avoir lue?

Est-ce qu'elle me
demanderait,
après l'amour,
le drap jusqu'au cou
comme dans un film
américain :
« Do you ever write
anything in
English ? »

VI

Je me promène
d'un bout à l'autre
de l'appartement.
Je cherche le
poème de Pâques.
Je cherche le poème
qui me fondra
dans la bouche
et non
dans les mains.
Je trouve le poème
juste pour m'apercevoir
que j'ai perdu
mon verre.
Je trouve mon verre
et je perds le poème.

Je me lève du poème
et je m'allume une
cigarette.

Je me lève de moi-même
je prends le cendrier et
je le vide dans le
plat de binnes
qui mijote
dans la cuisine.

Maintenant
j'ai perdu mon verre
j'ai perdu le poème
je me suis perdu
moi-même et
un bon plat de binnes.
Je tire sur ma cigarette
et ma cigarette
tire sur moi.

Toujours à la recherche
de moi-même,
je ne me trouve jamais,
c'est toujours les autres
qui me trouvent.

VII

Je me trouve
dans un autobus
de la ville et
c'est l'autobus
université-sanatorium
et il est bondé et
je suis bandé comme

un bûcheron sous mes
combines cosmiques.

On se bouscule,
on se majuscule et
se minuscule tandis que
derrière moi,
une Franco-Ontarienne dit à
une autre Franco-Ontarienne :
« Tu sais, il y a du monde
qui sont vraiment pas
considérables… »

VIII

Silence fiction et
les congas du cœur.

Au Whistlestop,
Sudbury's Home of the Blues,
une fille me demande :
« Don't you ever dance ? »
« Just inside… »
Elle me regarde comme
si je venais de descendre
d'une soucoupe volante.
Est-ce que c'était
Debbie Courville ?
Je suis debout au bar
avec Hughie Doucette.
Est-ce qu'il connaît
Debbie Courville ?

Hughie me parle de sa
Harley-Davidson et de
ses guitares.
«All my guitars are made
in the States.
I'd never buy no fucking
Jap copy…
Yamaha… ha-ha-ha-…»
Il me donne une claque
dans le dos qui résonne
à travers le monde.

Debout en arrière
une demi-douzaine de gars,
les becs de leurs casses
de baseball
battant la mesure,
grattent des guitares
invisibles.
Ce sont toutes des guitares
américaines.
Les congas du cœur
deviennent soudainement
tranquilles au son de
leurs rafales et

IX

le lendemain
je me réveille et
je m'endors et
je me réveille et

j'ai le visage arrangé
à la Picasso et
je pense à un poème et
je n'y pense plus et
j'ai eu les cheveux longs
j'ai eu les cheveux courts
j'ai eu une barbe
j'en ai pas eu
j'ai eu des ami(e)s
j'en ai pas eu
j'ai eu un pays
j'en ai pas eu.

Je cherche
mon peuple et
mon peuple
me cherche.

Mon peuple a
les épaules larges
comme Donalda.

Mon peuple
parle comme
Donalda Duck.

Saint-André de Sturgeon
fait une prière pour nous
quelque part entre
le ciel et
la terre.

Ora pro nobis.

Je me plante des crayons
dans les yeux et on
trouve ça drôle.
La terre porte une couronne
de fil barbelé et
le poète parle dans le vide
et si je bois
comme un trou
c'est parce que
je suis un trou
un trou de mémoire
où tout entre et
rien ne sort.
Je suis le poème
qui fait peur à vos
parents
parce que je suis
le poème que vos parents
ont fait.

Il fait beau à Montréal
et
il fait beau à Sudbury
et
entre les deux
ça fait toujours mal
quelque part.

X

Au Mine Mill Hall, local 598,
il y a un mariage.

Il y a un magasin
de meubles juste
à côté.

Après la réception
les nouveaux mariés
déménagent directement
au magasin de meubles où
d'autres couples vivent
déjà depuis plusieurs
années.
Les nouveaux mariés
sont chanceux :
ils ont hérité d'une
chambre à coucher qui
n'est pas
dans la vitrine.

Les étoiles sont comme
des épingles
plantées dans le velours
de la nuit
et la lune est pleine et
chromée comme
une boîte à lunch.

Les nouveaux mariés
s'endorment après l'amour
et quand ils se réveillent
la voiture est rouillée
dans la rue et
les enfants sont partis
pleurer et sourire et

dormir et courir et
vivre et mourir
ailleurs.

N'importe où mais
pas ici.

Les nouveaux mariés
sont devenus gris et
gros et
au sous-sol du
Mine Mill Union, local 598,
il y a un petit bar où
ils boivent et
dansent un slow au son
d'un orchestre western sans
nom
tandis qu'en haut au
Mine Mill Hall, local 598,
il y a un mariage et
le même magasin
de meubles est
encore là
juste à côté.

XI

Est-ce que Debbie Courville
est mariée ?

Est-ce que je danse
un slow avec sa mère
au sous-sol du
Mine Mill Union, local 598 ?

« I thought you were
a priest… »
« No, I'm French… »
« Oh !… Speak French
to me !… »
« Sorry, I'm
off duty… »

XII

À deux heures de l'après-midi
une explosion souterraine
brasse la maison.

La vaisselle se plaint
dans les armoires et
les fenêtres vibrent
comme des ventricules.

La maison soupire
et je continue
mon poème
en toute
sécurité.

XIII

Je ne peux m'arrêter.
Je voudrais manger.
Je voudrais regarder la
télévision.
Je voudrais visiter des
amis mais
le poème m'entraîne comme
un vieux chum
vers un verre
sous la terre
vers le ventre
de ma mère
et les émotions
se bousculent
comme des grévistes
et des polices.

J'ai le goût de tout
laisser derrière moi et
de ne rien laisser derrière
moi.

J'ai le goût de sauter
de ce poème comme
on saute d'un train.

Ce poème qui tourne en rond
comme un train électrique
autour du corps de
Sir John A. Macdonald.

XIV

Ce train qui roule à travers
le pays comme un
poème.
Chaque cour d'en arrière
chaque passage à niveau
chaque village et chaque
visage
chaque arbre et chaque
roche
fait partie du
casse-tête
qui finit par ravager
la raison du poète.
Impuissant, il ne peut que
regarder passer les
morceaux de son poème,
les morceaux de son poème
qui retournent vers le
point de départ à mesure
qu'il s'en éloigne.
Complètement aliéné de
lui-même
il ne peut qu'écrire à
la troisième personne du singulier
de cette langue
qui lui tangue
dans la bouche
comme un saumon
remontant des rapides.

Le poète dans moi me dit
après plusieurs bières
que je devrais mentionner
le danseur de tables qui
s'en va à Montréal voir
sa blonde qui elle aussi
danse sur les tables.
D'après sa conversation
je devine qu'il n'a pas
vu un plancher depuis
longtemps.
Il a embarqué à North Bay.
Avec ses cheveux crêpés et
sa boucle d'oreille
il a causé un petit éclat
de silence dans le
wagon-bar.
Mais tout s'est bientôt rétabli,
et sous l'effet
du train qui nous brassait
nous et nos bières
nous étions,
pour le moment,
des amis pour la vie.

XV

De la fenêtre de ma chambre
je vois Montréal qui
s'étend comme une pizza
garnie et fumante.

C'est le lundi 6 avril 1987.
6 degrés Celsius.
Midi.
Il n'y aura pas de soleil
avant jeudi.

On n'a pas encore trouvé
le corps de Claude Jutra et
le cœur de Buddy Rich
ne bat plus et
le ciel de Montréal
est gris comme…
comme… comme…
le toit du stade olympique…
tiens…

Sudbury est un souvenir
qui s'allume et s'éteint
qui m'attache et me détache.
Sudbury est loin comme
l'horizon comme
la mer comme
New York comme
l'Acadie et la Louisiane et
Timmins et
je n'ai jamais vu
Saint-Boniface.

Lundi
Mardi
Mercredi
Jeudi et
le mont Royal chauffe

comme un bagel
sous le soleil agace-pissette
de Montréal.

Quelque part
Raymond Lévesque
se commande un rhum et coke
débranche son appareil
auditif et
sourit à ciel ouvert.

Quelque part
Paul Chamberland
avoue l'inavouable.

Quelque part
Yves Boisvert
se demande ce qu'il
fout ici.

Quelque part
Robert Paquette
gratte sa nouvelle
guitare électrique
et pense à une
partie de pêche sur
l'île Manitoulin.

Quelque part
Gilbert Langevin
touche le sexe
de son pays et
le pays se réveille

s'étire et
se rendort.

Quelque part
René Lévesque
se demande
quelle foudre
l'a frappé.

XVI

Est-ce que
Raoul Duguay
fume encore
des Craven-A?

XVII

Montréal
tu es la beauté et la bêtise
tu es la maîtresse d'école et
la guidoune / c'est-à-dire /
tu m'apprends rien et me
montres tout
et je suis pris
non
pogné entre les deux
avec les clochers d'églises
qui déchirent ta robe
et tu es ruisselante et
douce sous la pluie

et tu me reçois
comme un roi
qui a perdu
son pays.

XVIII

Sur le train du retour
je porte sur ma tête
la perruque de la poésie
qui menace
d'un moment à l'autre
de devenir une
grosse araignée poilue
qui tisse sa toile
des étoiles aux étoles
avec tout le monde
collé entre les deux
comme des mouches,
des petites mouches
turquoise et luisantes
comme des petites
pierres précieuses.
Des millions d'années
plus tard
des géologues découvrent
les petites pierres précieuses
qui sont devenues dures
et coupantes comme
un couteau de K-Tel.

Elles sont vendues pour
beaucoup d'argent.
Des hommes et des femmes
meurent
des guerres se déclarent et
les palais de justice
deviennent désuets
puisqu'il n'y a plus
une seule personne
sur la Terre
qui est innocente.
La Terre devient une
grosse pierre précieuse
turquoise et luisante
et tout le monde
sur la Terre
porte des petites bagues
turquoise et luisantes
et soudainement
un jour
elles redeviennent
des petites mouches
turquoise et luisantes
et la Terre aussi
et je...
il...
nous...

XIX

DIFFICULTÉS TEMPORAIRES

XX

Le barman du train m'apporte
un autre Johnnie Walker
quelque part entre
North Bay et Sudbury.
Sur la table il y a
plusieurs petites bouteilles
turquoise et luisantes et vides
et je porte
la perruque de la poésie
un peu croche sur ma tête.

Quelque part
Hughie Doucette
se demande
qui il faut frapper
pour se faire
comprendre.

Quelque part
Debbie Courville
maquille ses poques
et se vide un autre verre
de Baby Duck.

Sturgeon Falls
et soudainement
c'est le Last Call
et le barman est hué
comme un arbitre
à une partie de baseball
et je commande

un dernier verre
de Johnnie Walker
et à travers un sourire
un peu trop sidéral
à son goût
je lui dis :
« I like trains,
don't you ?... »

XXI

Je me réveille avec
un mal de bloc à
faire honte à un
trottoir.

Les cigarettes du passé
sont allumées par
le Bic du souvenir.

L'étang infini de l'Univers
clapote
aux fenêtres.

Le visage brisé et sec
comme un biscuit
soda
je bois mon café brun
matin.

Je regarde dans le vide
comme si quelque chose

allait apparaître
comme une vision
comme une réponse
à tout et
à tous.

La chatte me regarde
comme si j'allais
disparaître d'une
cigarette à l'autre.

Je suis fatigué et
je vois à travers ma tasse
à travers le café
à travers la table
à travers le plancher
à travers la terre
et
ce matin
je donnerais
n'importe quoi
pour que Desbiens
ne soit pas obligé
de jouer à être
Desbiens.

XXII

Un jour
ce poème sera
traduit en

anglais
et

un jour
je me réveillerai
avec
l'incroyable faculté
de ne plus comprendre
l'anglais.

XXIII

La chatte court d'un
bout à l'autre de la
maison comme
Steve McQueen
sur sa moto dans
The Great Escape.
Malheureusement
elle dérape sur le
plancher du salon
fraîchement ciré
et explose
comme du napalm
contre un mur.

Je lance mon poème
contre le même mur
incessamment
hypnotiquement
comme Steve McQueen

lance sa balle
de baseball dans
The Great Escape.

J'échappe le poème
comme une assiette
sur le linoléum
de la cuisine

ou

le poème s'échappe
comme
Steve McQueen
du cachot de mon
cerveau

ou

j'éteins
la chatte
avec un restant
de café
et elle court partout
parfaite comme un poème
qui a perdu
son poète.

XXIV

Il y a des poètes
qui flottent comme

des nuages pleins
de pluie.

Il y a des poètes
qui oublient
leurs poèmes
partout comme
des parapluies.

Il y a des poètes
qui se prennent pour
d'autres et
des poètes qui se font
prendre.

Il y a des poètes qui
meurent de faim et
des poètes qui ont
faim de mourir.

Il y a des poètes
qui critiquent des
poètes et
des poètes qui
embrassent des
poètes et
des poètes qui
embarrassent
des poètes et
des poètes
qui veulent être
des poètes.

Il y a des poètes
qui jouent à la balle et
des poètes qui se
tirent une balle.

Il y a des poètes
qui s'appellent
Robert
qui s'appellent
Michel
qui s'appellent
Jean Marc
qui s'appellent
Ti-Guy
qui ne s'appellent
jamais.

Il y a des poètes
qui ont besoin de premiers
soins et
il y a des poètes
partout où
on n'en a pas
besoin.

XXV

Le futur se conjugue
mal et
le passé n'est jamais
simple.

X

J'entends le propriétaire qui
tousse.
Il est sous moi comme
sous la terre comme
s'il était déjà enterré,
un mort qui tourne
dans sa nuit.

Ma nuit devient ferme
et dans ma tête
toutes les lumières
sont allumées.

Si j'écris à la
première personne du singulier
c'est qu'il n'y a
personne d'autre
ici.

XXVII

Je veux écrire maintenant.

En face ils ont fini
le gazon de la prison de
Sudbury.
Une grosse pancarte
déclare

WORKING TOGETHER FOR
A BETTER ONTARIO
TOUS UNIS POUR BÂTIR
L'ONTARIO.
Je n'ai jamais vu de
prisonniers manger leurs
lunchs sur le gazon.
Je me demande combien
d'entre eux sont francophones
sans le savoir.
Je me demande combien
d'entre eux ne veulent pas
le savoir.

Je me demande
combien d'entre eux
connaissent
Debbie Courville.

Je me demande
combien d'entre eux
ne faisaient que passer
à Sudbury.

Sur le pouce
Sudbury c'est
quelque part entre
un voyage en Gaspésie
et
un voyage à Vancouver.

Entre North Bay et Sudbury
il y a une autre pancarte
qui annonce que
1 Canadien sur 1 000 est
schizophrène.
Soudainement
tout le monde
dans l'autobus
se regarde
d'un œil nerveux.
L'autobus vous débarque
devant un salon funéraire
où il n'y a jamais de taxis
et c'est toujours
l'hiver.

Je suis prisonnier
de ce poème.

Depuis que je suis
à Sudbury
mon français a vraiment
improuvé.

Je veux écrire maintenant.
Je veux écrire comme
Paul Éluard.

En attendant
on me laisse laver
son char.

XXVIII

Le téléphone sonne.
C'est l'après-midi.
«Allô?..»
«C'est ta mère…»
«Euuh!..»
«C'est ta mère…»
«Ma mère? Ma mère ma
mère mère mère?»
«Qu'est-ce que tu fais?»
«J'écris des, des, des,
des poèmes…»
«Pourquoi t'es pas à
l'école?»
«Euh, j'ai mal au ventre?
J'ai mal au cœur? J'ai —
Qui parle, s'il vous plaît?»
«C'est ta mère…»
«Ma mère est morte!»
«Voyons François, c'est
plus drôle là!»
«Je ne suis pas François!»
«Ah oui? Ben, j'suis pas
ta mère!..»
Elle raccroche.
Je m'accroche.
Je m'accroche à ma
table de travail.
Je m'accroche à mon
poème comme au

rebord d'une fenêtre.
Sous moi se promènent
des poètes morts
des zombies en pyjamas
de flanelle récitant
leurs textes à personne en
particulier.
Ma mère marche parmi
eux.
Elle sourit et essaie
de comprendre.

XXIX

Je vais au Pinto
me chercher un paquet
de cigarettes.
« Give me a pack of
Player's Extra Light Regular,
please. »
La caissière sourit et me
répond en français.
« Comment savais-tu ?.. »
je commence.
« Je sais qui tu es », elle
répond, « des poètes franco-ontariens,
il en pleut pas… »
Je regarde dehors.
Elle a raison.

XXX

Une copie de
L'homme rapaillé de
Gaston Miron au
Britnell Book Store,
Toronto Ontario.
Prix : 75 cennes.

Une copie de
Souvenances de
Gaston Tremblay au
Bay Used Book Store
Sudbury Ontario.
Prix : 1 piastre.

Une copie de
Minibrixes réactés de
Lucien Francœur chez
Lefebvre Variety & Used
Book Store,
Sudbury Ontario.
Prix : 40 cennes.

Une copie de
Une bonne trentaine de
Robert Dickson au
Bay Used Book Store,
Sudbury Ontario.
Prix : 75 cennes.

Une copie de
L'homme invisible / The

Invisible Man de
Patrice Desbiens au
Bay Used Book Store,
Sudbury Ontario.
Prix : 95 cennes.

Quel prix la poésie ?
Je passe au cash avec
le livre de Robert et
le mien.
Tout fier, je lui
montre mon livre et
lui demande si elle
reconnaît l'homme
dans la photo-couverture
Elle la regarde.
Elle ne me regarde pas.
Elle dit, finalement :
« Joe Clark ? »
Je laisse tomber.
« C'est des livres du
gouvernement », elle continue.
Je me demande quel gouvernement.
Je laisse tout tomber.
Des poètes sautent
des fenêtres de mes yeux
et s'effoirent à mes pieds.
Les poètes sont pleins
de marde et
les rivières sont pleines
de poètes.
Je paie silencieusement
mes livres et

en sortant
je m'enfarge dans
mes métaphores.

XXXI

Où est
Debbie Courville
quand on a besoin
d'elle?

XXXII

Ma tante Aline ne
comprend pas exactement
ce que je fais,
exactement.
«Tu écris des livres?»
«Oui, c'est ça...»
«Des gros livres?»
«Non, c'est des po —»
«Veux-tu d'autre pâté
chinois?»
«OK.»
«Tu devrais raconter
mon histoire...»
OK.
Ma tante Aline est toute
petite.
Elle n'a jamais eu d'enfants.
La maison est toujours

pleine de chats.
Elle a les cheveux frisés
et minces comme
Édith Piaf juste avant
de mourir.
Son mari, Henri, a
travaillé pour Inco
toute sa vie.
Il n'a plus d'estomac.
Il est à moitié sourd
et parle toujours
trop fort.
Ils vivent dans une
petite maison modeste
sur la frontière du
Moulin à Fleur.
Il y a un Winnebago
gros comme un paquebot
dans la cour.
Il y a toujours un
roman-savon à la télévision et
toujours de la bière
dans le frigidaire.
« Veux-tu d'autre ketchup,
Pat ?... »
« OK. »

XXXIII

Mon pays est une
carte de Noël
imprimée aux

États-Unis.
Mon pays est un
conte de Noël
récité par Émile Genest
au Monde merveilleux de
Disney.
Dans mon pays
les hommes sont
des hommes et
les femmes sont
nerveuses.
Dans mon pays
il y a des oiseaux de mer
qui n'ont jamais vu
la mer.
Dans mon pays
poète rime avec…
… rien…
Je fouille dans mon
dictionnaire et
je me foule la langue.
Les mots dorment
à l'envers dans ma
bouche comme
des chauves-souris
dans un clocher.
Je suis visité par
le blues et le blues
n'a pas de couleur.
Le blues cherche sa
blonde et sa blonde

a eu un accident
de voiture.
Mon poème devient une
chanson de
Bruce Springsteen
sur une musique de
Lucien Hétu.
Le vrai nom
d'Alice Cooper est
Vincent Fournier.

XXXIV

Je prends un verre
de colère avec
Robert sur
ce qui reste
de la Terre.

On met de
l'alcool à friction
sur nos stigmates
et on fait
une petite danse.

On essaie d'oublier
que demain sera
encore
hier.

XXXV

Au Café Cortina
les hommes d'affaires sont
parfaitement barbus et
sourient comme des
touffes avec des
oreilles.

Les waiters ont les cheveux
coupés comme Oliver North et
les waitresses sont toutes
habillées en gardes-malades
et je me sens comme
un vieux hippie avec
des fleurs dans les yeux
et la police au cul.
Je me sens comme un
vieux hippie avec
ses poèmes dans son sac
et son amour fripé
comme ses jeans
comme la piastre
dans son portefeuille
comme son visage
dans le miroir de la
chambre de bain avec
son éclairage de salle
d'urgences et ses
toilettes bloquées.

Je me sens comme
un vieux hippie qui

a trop bu et
déboule dans les marches
comme Buster Keaton
avec le décor qui s'écroule
autour de lui
comme un château
de cartes.

Je me sens comme
un vieux hippie
qui trinque avec
Richard Brautigan
en pensant qu'il
est trop tard
pour mourir jeune et
juste comme on pense
que le cauchemar est
fini
on aperçoit
l'autre bord de la rue
l'équipe des
Insolences d'une caméra.

XXXVI

Le téléphone sonne à
2 h du matin :
« Allô ! Allô ! Debbie Courville ?... »
Mais non c'est ma nièce
Constance « Connie » Maltais
Duclos Desloges.
« Hey, I wanna buy your

books! How many you
got now? »
Je lui dis.
« That's a lot! I want'em
all! »
« OK. »
« You only write in French,
right? »
« Right… »
Elle me raconte toutes
sortes de choses et menace
de venir me visiter.
« I used to know a lot
of people up there.
Mostly bikers… »
Je lui demande si elle
connaît Hughie Doucette.
« No, I don't. Do you know
Bam-Bam Boudreau? »
Non.
« There's somebody at the door.
Don't hang up… »
Je m'allume une cigarette.
Elle revient.
« Some guy wanted to know
if he could buy some beer
off me… »
C'est dimanche en Ontario.
On pense à une bonne bière
en faisant nos prières.
« Anyway, send me your
books, I'll try to read
them… Maybe if I get real drunk

my French will come back… »
Elle raccroche.
Je débranche le téléphone.
Je ne dormirai pas
ce soir.

Only in French,
you say?
What a pity…

XXXVII

Je me lève.
Je prends une douche.
Je me lave les cheveux.
Je me rase.
Je me peigne.
Je suis propre comme
un pape.

Je me demande où
je vais aller
aujourd'hui.
Je me demande ce que
je vais écrire
aujourd'hui.

Je suis propre comme
un pape
et j'ai un carnet d'adresses
que je feuillette
comme un bréviaire.

Je veux parler maintenant.
Je veux parler de Jeannette
serveuse à l'hôtel
President et de
son sourire qui me
met les mots à la
bouche.

Je veux parler du
Franco-Ontarien
qui se demande quand
va venir son tour
de se laisser parler
d'amour.

Je veux parler de
Jean Marc Dalpé et
Patrice Desbiens assis à
une table de taverne,
écrivant des poèmes
avec seulement un
dictionnaire anglais-
français entre
eux.

Je veux dire que
quelque part
Gaston Miron
rêve aux fesses d'une
belle Franco-Ontarienne.

Je veux dire que les
Wolves de Sudbury

ont encore perdu
une partie.

Je veux dire que
j'ai une bibliothèque
pleine de livres français
une bibliothèque
haute comme les
Marshalls de Hendrix
une bibliothèque que
je voudrais faire
pleurer et crier et
sacrer et prier et
danser et
faire tomber comme
un sapin de Noël
ne laissant que la
respiration saccadée des
rideaux dans
la maison abandonnée.

XXXVIII

De temps en temps
je sors mes
bâtons de drum
et je pratique
sur le bottin de
téléphone de Sudbury.

Je suis encore assez
bon pour jouer dans

un orchestre western
ou peut-être même
un orchestre de blues.

De temps en temps
je sors mes
poèmes anglais.
Je les lis et les
relis.

Je les trouve
vraiment
pas pire.

Le pays de personne

1995

Je fais appel à vous tous du fond de mon exil
Je ne vous avais trahis que pour une nouvelle blessure.
ALAIN GRANDBOIS
Les îles de la nuit

Cambrian Country
(pour Lise Tardif et Cid Michaud)

Devant une classe d'étudiants
du Collège Cambrian —
onze heures du matin et
leurs yeux vides comme les
fenêtres d'une usine abandonnée —
j'ai la tête comme un trottoir
plein de craques et on marche
sur chaque craque —
ça sent le Brylcreem et le Big Mac —
ça sent le café et le cul —
le silence de leur regard me
cloue à la lumière des néons —
ils sont tranquilles comme une
photo —
c'est un interrogatoire où on ne se
pose pas de questions —
je regarde ma montre avec la
nervosité d'un terroriste —
les gars veulent tous être des
polices et les filles veulent toutes
être des
assistantes dentaires —
je me sens soudainement comme
un terroriste avec un affreux
mal de dents —
je ne suis pas paranoïaque —
je ne suis pas un paratonnerre qui
reçoit leurs éclairs et

il y a de l'électricité dans l'air
dans cette classe du Collège Cambrian
sous un ciel de la couleur d'un
chèque de chômage —

Wrong bus

Un autobus plein de touristes américains
ramasse un Québécois par erreur
Le Québécois voulait prendre la 8 pour Limoilou
sa femme l'attend à l'arrêt là-bas
son bébé comme un sac d'épicerie
dans les bras.

Le Québécois veut débarquer
il veut s'en aller chez eux
mais il est déjà chez eux
Il est pogné avec eux
et le chauffeur de l'autobus
c'est Jack Nicholson qui dit
« Nice country you got here…
How much you want for it ?… »

Les passagers sont tous des comiques
américains qui font des
impressions d'André-Philippe Gagnon
en levant le poing et criant
We Are The World
Ils sont le monde et le monde devient
de plus en plus petit
se ratatinant comme du bacon
tandis que le
Québécois comme une victime dans
un film de Stephen King
hurle comme un Anglais au
Carnaval de Québec et
soudainement l'autobus se cabre
comme le cheval du Lone Ranger

et il est projeté corps et âme
vers le seul banc libre
celui à côté des toilettes
la seule place où on peut encore
fumer une cigarette sans
se faire ostraciser.

Il s'en allume une et
ses yeux deviennent vides et
bruns comme une bouteille de
bière.

Cet autobus ne s'arrête nulle part
cet autobus fait le tour de la ville
cet autobus fait le tour de l'île
depuis toujours
et pour toujours.

Banane anniversaire

Sur la terrasse
d'en face
c'est
la fête

Bébés et biftecks
sous la brunante

Hommes et femmes
soignés et saignants
sous la lune

Sans pays apparent
ils chantent des
chansons
sans paroles

C'est l'anniversaire
de quelqu'un
mais quand
enfin
le gâteau arrive
personne se souvient
de qui
et quand
la facture arrive
ils se tranchent
les poignets avec
leurs cartes de
crédit

et les serveuses se
sauvent avec les
bébés parce qu'à
trois mille piastres
la tête
on fourre pas
le chien

et au coin de
Turnbull et
Saint-Jean
une moto japonaise
rentre comme un
couteau chaud
dans une
boîte à beurre
américaine
et
il y a des
armes dans les
ormes
et

il y a des
oiseaux dans les
garages et
des voitures dans
les arbres

point.

Inspiration

Elle dit que son
inspiration
vient d'ailleurs.

Je regarde nerveusement
par-dessus mon épaule.
Nous sommes seuls.

Je me demande à qui
elle parle.

Je me demande à qui
on envoie les
droits d'auteur.

Howard Johnson poems 1 & 2

Sous le soleil chaud de cet
après-midi de ville Québec
je vois s'ouvrir et se fermer
les portes garnies du nouveau
Howard Johnson
une plaie parmi tant d'autres
qui plaît aux touristes

Et en avant du restaurant
il y a
un troupeau de petites Anglaises
avec leurs têtes qui pivotent
sur 360 degrés
avec leurs yeux qui s'allument
et s'éteignent
tout en répétant continuellement
comme des disques brisés :
« Oh we were here last night ! »

Chaque fois que l'une d'elles
prend une photo
une partie du décor
est aspirée
et
disparaît

Spleen au Royal Roussillon

Je suis au 7ᵉ étage
de Mtl
au Royal Roussillon juste
derrière la gare Voyageur
et dans la chambre ma
blonde a les yeux grands
comme deux petits lacs et
je fais les 101 pas autour
du lit en attendant que
la tévé m'appelle

La tévé m'appelle et
on part sous le soleil sale de Mtl et
on sue comme des pieds
dans des bas de bacon
on est perdus comme des
explorateurs qui découvrent tout
à coup que tout a déjà été
découvert et peinturé vert et brun
pour qu'on pense que c'est
des arbres
des arbres qui poussent des piasses
tout l'été
des arbres qui dorment tout
l'hiver et
bougonnent au printemps

La tévé m'épelle et
nous sommes là entourés de
monde qui paie du monde pour
être fin pour eux et

tandis que tout le monde répète
leurs gags spontanés
je me demande ce que je fais
ici
je me demande ce qu'on fait
ici
réduits à la poésie avec
le sang en tourniquet autour de
la tête
sans cigarettes et
sans bière
sans métaphore et
sans fort et
tandis que
l'animateur épluche mon livre
comme un oignon sur le
comptoir de cuisine d'une
maison Kinsmen
je prends la main de ma blonde et
je la serre comme un verre et
je suis au 7e étage de Mtl
au Royal Roussillon et
dans la chambre ma blonde
bénit le peuple à coup de grosses Black
tandis que
dans la chambre de bain
je baisse mes culottes et
je chie mon spleen.

Eux, le barman et le poète

Le gars n'arrête pas de parler
pas une seconde
se balançant comme un
funambule unijambiste sur
la corde raide du dialogue
il n'arrête pas
pas une seconde
comme si d'un moment à l'autre
il serait foudroyé par
une tumeur de la grosseur
d'une virgule.

La fille en face de lui
écoute
elle le laisse parler
elle se laisse bercer par
le mantra de ses menteries
ça l'empêche de penser
qu'elle va coucher avec un
épais comme lui pour
satisfaire un besoin biologique.

Il raconte une autre farce
et on entend des
rires en canne.
De temps en temps
le regard de la fille file
par-dessus l'épaule du gars et
s'écrase comme un oiseau
contre les fenêtres verrouillées
du bar

qui est vide à part
eux
le barman et
un poète
dans
la nuit qui ne se
décrit
plus.

La petite fille et l'Anglaise

La petite fille demande
des pinottes
l'Anglaise aussi
la petite fille demande
un lait au chocolat
l'Anglaise aussi
sur le train de 11 h 50
pour Montréal.

L'Anglaise cherche l'image de
la petite fille et son
grand-père dans son
guide touristique.

Dans son guide touristique
il y a le Château Frontenac
le fleuve Saint-Laurent
le pont de Québec
la rue du Trésor
et cætera voilà
elle a vu Québec.

Dans son guide touristique
il n'y a pas
les cours à scrap
il n'y a pas
les galeries à la peinture
qui pèle
il n'y a pas de skidoo
qui a rouillé tout l'hiver
sous la neige

après avoir tué un père
de famille et
son fils
il n'y a pas
le chien attaché
pour toujours par amour
qui a faim et jappe après
les trains
et malgré qu'elle feuillette
son guide touristique comme
un Harlequin
elle ne trouve toujours pas
l'image de
la petite fille et son
grand-père.

La petite fille ne comprend pas
que l'Anglaise ne comprenne pas
mais elle continue de lui parler :
« c'est long hein ?... »
et l'Anglaise ne comprend rien
elle fait la sourde
le nez fourré dans son
guide touristique
et la petite fille demande à
son grand-père :
« pourquoi la madame
parle pas français ?...
es-tu malade ?... »
Et dans le train
il y a un vide

qui s'installe
un vide qui
fait mal
sans faire mal

comme l'amour.

Les canards de l'insouciance

Les canards de l'insouciance
font des trous
dans l'eau du
lac Ontario.

Mais ça pourrait être
n'importe quel
lac.

Même un lac
dans le sud
de la France.

C'est vrai

C'est vrai qu'on
mange trop de viande
c'est vrai qu'on
mange trop de
marde pour
rien

On s'appelle boss
entre nous
déformation professionnelle
peut-être

On se sent comme
un employé
même avec nos amis
salut boss
ça va ?

Hé capitaine
t'aurais pas un
trente-sous ?
Merci chef
j'avais
pas mal
soif

Et on est dans
le jus et
le jus coule
et le doute nous
tache les

dessous de bras
et le soleil nous
met la main
sur le dos
et dit
viens donc me voir
dans mon
bureau

C'est vrai qu'y
fait beau
pas vrai
boss?

Le colonel

Le colonel est un vieux
de la vieille de VIA
un retraité
un vétéran
un mort qui brosse
en toute dignité
la terre de sur son
corps

Un mort sans remords
qui mord dans le silence
saccadé
de ce train

un mort sans remorque
les cheveux blancs
les yeux gris

et toujours
son anglais
parfait comme
le pli de son pantalon

Incident en Acadie

Rose a les bleus dans son
Rent-a-wreck bleu.
Le ciel est gris
la route est grise et
Rose est bleue dans son
Rent-a-wreck bleu.

Rose a un coup dans le corps
Rose a un cor sur le cœur
Rose est un pays dans le char
et ses pneus tracent une
ligne de bleus
entre Baie Sainte-Marie et Digby.

Entre Saint-Jean et Moncton
Rose dépasse des voitures comme
on dépasse des ancêtres
jurant tout le long en anglais
qu'ils ne l'auront jamais.
Il pleut à boire debout et
elle boit à pleurer debout.

Rose ose.
Rose n'a pas peur de la mort
parce qu'ici
en Acadie
on ne ment pas
on ne meurt pas.

Ici
on s'en va
ou ben
on reste.

Les silences

« Just try it once... you'll see!... »
il dit en descendant les marches.
« You take de car, you take everything »
elle dit dans son anglais cassé,
concassé, fricassé.
Il claque la porte en bas.
Elle claque la porte en haut.
Le bébé se met à pleurer.

Je suis en train de regarder
Films d'art à la télévision.
C'est l'histoire d'un artiste soûlé
de solitude qui, parti à la recherche
de l'absolu, finit par se suicider.
J'entends ma voisine qui brasse
l'absolu de ses marmites.
C'est intermittent.
Il y a les silences.

Parti en ville en 4x4, il revient à
quatre pattes.
Il a bu comme un brontosaure :
un cerveau dans tête et un cerveau
dans queue.
« Come on Linda, I'm sorry, gimme
a kiss... »
« Leave me alone, don't touch me
tabarnak!... »
Les meubles se tassent pour faire
place à la chicane.

Les mots coupent comme des miroirs
brisés.
Sept ans de malheur.
Le plancher tremble sous le poids
de leur peine.

C'est intermittent.
Il y a les time-out.
Il y a les silences
plus pesants que
n'importe quelle
question.

Un matin devant le restaurant Bernier

On a arrêté le petit monsieur
en face du restaurant Bernier
Il a volé une télévision
probablement de sa blonde
pour se payer une bouteille
La police lui enlève la tévé
elle lui passe les menottes
et le pousse sur le banc arrière
du char de police
Là les polices essaient de mettre
la tévé dans le coffre
du char de police
Elle ne rentre pas tandis
que le petit monsieur
grelotte sous sa calotte et
les mains jointes derrière
le dos il récite son
pater noster à l'envers et
la tévé ne rentre toujours pas
dans le coffre
du char de police
Alors une des polices
a une idée une lumière
d'arbre de Noël s'allume
au-dessus de sa tête
Une police sort le vieux monsieur
et l'autre met la tévé
sur le banc arrière
Là elle rentre très bien
et là ils prennent le
vieux monsieur

et le mettent dans
le coffre
du char de police
le ferment le barrent et
partent en polices
toutes sirènes battantes.

Montagnes et maisons

Montagnes et maisons
se mêlent
à l'horizon.

Journée triste
et trempe
et la chatte
qui chante
un blues.

Le chocolat de Pâques
en feu dans le
frigidaire.

La sauvagerie des cloches d'église
laisse des marques de griffes
sur l'air.

Montagnes et maisons
en dents de scie
sur l'horizon.

On se déshabille et
main dans la
main
on s'envole du
balcon pour
ne pas perdre
la raison.

Lavigne Ontario

Sur le bord du
lac Nipissing
pas loin de
Lavigne
la vie vibre
comme un
hors-bord

Ici
à une heure
de Sudbury Ontario
tout le monde
parle français
et

s'en aperçoit
même
pas.

Bonne journée

Ça fait
toute la journée
qu'elle dit
bonne journée

Ça fait
toute la journée
qu'elle est
debout

qu'elle sourit
au-dessus des sous
des autres

tandis que
dans la vitrine
le soleil du printemps
lui fait des
tatas

Printemps à Québec 1988

Le voisin d'en face vient juste
de finir de peinturer
sa petite terrasse et
d'accrocher une cabane à
oiseaux.
Il y a déjà des oiseaux
qui se disputent bruyamment
la nouvelle place.
Ils sont partout
en même temps.
Ils remplissent le ciel comme
des avions de guerre et
la femme du voisin est
étendue comme l'Angleterre
sur la nouvelle terrasse bleu mer.

À travers le sang et les plumes
elle parle aux petits
avions de chair :
« Baby… hey baby…
hello baby… »
Il fait soleil mais
le fond de l'air
est frais et
Yvon Deschamps
ne fait plus rire
personne que
lui-même.

Tiphaine

Impatiente et imprévisible
comme une tempête
en voyage
le nuage de son corps
nage parmi nous

se mêlant à
nos orages

frôlant
nos côtes

laine d'acier
nettoyant les
rivages pollués
de nos
cœurs.

Quand la réalité dépasse la fiction

Quand la réalité dépasse la fiction
c'est toujours dans un tournant
par une nuit tassée comme de la
tourbe sous
une pluie battante
sous une pluie haletante comme
une vieille matante et
il y a rumeur de collision frontale
rumeur de rupture des cœurs de
leurs corps.

La réalité c'est une Ford LTD noire
qui roule à 120 bons vieux milles
américains à l'heure sur la
bonne vieille route 2 entre
Trois-Rivières et Québec et
le chauffeur de la réalité c'est
Raymond Blouin de Saint-Marc-des-
Carrières et
la fiction c'est un christ de gros
18 roues chargé de pierres de Saint-Marc-
des-Carrières qui
refuse de laisser passer la réalité
sur la côte juste après Cap-Santé
et Raymond Blouin qui est très réel
est paqueté comme un paquebot
qui prend l'eau
il est avec sa femme et ses enfants et
sa belle-mère et avec
une marionnette de Fanfan sur une main
et une bière dans l'autre

il contrôle le volant et le vent et
la vie d'un poète de Timmins Ontario.

Le poète s'en allait à Québec et
il voulait être comme Jack Kerouac
voyager partout dans des voyages fous
dans une voiture pleine de fous
comme avec Neal Cassady
mais là il est pogné avec le
Richard Petty de Saint-Marc
et là il réalise que dans un livre
à Timmins Ontario
c'était moins dangereux
c'était de la fiction
et alors entre
Timmins et Québec
écrasé au fond de
la réalité LTD
et sur le bord de
son lit de mort
le poète
fait ses prières
dans son pantalon.

Une dictée sur l'assimilation
par Patrice Desbiens

Je me promène dans les rues de Québec. Je cherche une quincaillerie car j'ai besoin de petites choses pour mon nouvel appartement :
c'est-à-dire un ouvre-boîte et un tire-bouchon.
Mais je ne me rappelle plus ce que c'est quincaillerie en français.
Hardware store
hardware store
hardware store
fait le rolodex de mon cerveau et
je marche et je marche et
hardware store
hardware store
et finalement
au coin de Sutherland et D'Aiguillon
je vois
QUINCAILLERIE RONA.
Soulagé, je rentre, la petite cloche sonne derrière moi et
je me rends jusqu'au milieu du magasin et un vendeur me demande ce que je cherche et
can opener
can opener
corkscrew
corkscrew
et

la tête vide comme une casserole
neuve
je marche et je m'excuse de reculons et je sors du magasin
la petite cloche sonne de reculons devant moi et
je repars de reculons dans les rues de Québec.

L'assimilation c'est comme
l'Alzheimer
ça pardonne pas.

1993 03 18

« a little bit older
a little bit more
confused... »
(Golden Palominos)

Je suis au 5305 Berri Inc. et je
compte mes poèmes comme des comptes
de téléphone tandis que le voisin
bat sa blonde qui est dans le télé-
phone en vargeant avec le récepteur
sur sa table de cuisine :
« Arrête christ de niaiseuse ! Arrête !... »
Bang. Bang. Bang.

Dans le corridor il y a un trou dans
le mur qu'on n'a pas fini de replâtrer.
Dans la poussière de plâtre sur le
plancher quelqu'un a tracé avec son
doigt :
Je t'♥ ~~~ CHRIS
ou
Je t'♥ en Christ
ou
Je t'♥ en cris
C'est à moitié effacé comme
le cerveau de mon voisin.

Plus tard à la bibliothèque sur
Mont-Royal
je demande à la fille
où est la poésie anglaise.
Je veux voir s'ils ont du
David McFadden.
Tant qu'à être pogné à savoir
lire et écrire l'anglais
aussi ben en profiter.
« Il faut aller au terminal monsieur… »
Lorsque j'avoue mon aversion pour ces
machines elle dit :
« Il va falloir vous habituer mon-
sieur… un jour toutes les biblio-
thèques auront des terminaux… »
Terminé.
Elle s'en va.
Je me sens désuet.
Je me sens comme l'arbre qu'on va
couper d'un moment à l'autre parce
qu'il bloque la vue de la rue.

Je me désintègre en brin d'scie
sur le parquet parfait de la bibliothèque.
Je me glisse entre les portes jusqu'à
la rue.
C'est décidé.
Je ne me paierai pas un hostie d'ordi-
nateur pour ma fête.
Je vais me perdre dans le jonglage des
guitares et des étoiles.
Je vais me payer des congas —encore—
et vivre éternel et confus dans

le commérage des tam-tam.
Je vais disparaître au coin de la rue
comme l'ami que vous avez toujours
voulu mais
jamais eu.

Le pays de personne

Au dépanneur Dorval :
une bouteille de Cousins de
France
un paquet de cigarettes et
une couple de cannes de binnes.
Ça fait vingt piastres.
Je fouille dans mes poches et
je ne trouve que des roches.
Des roches de Sudbury.
Des roches de Timmins.
Monsieur Dorval reste un peu
bête.
Moi aussi.
Je lui dis :
c'est de l'argent franco-ontarien
c'est quoi le taux de change ?
Le chien de garde me regarde
comme si j'étais une canne de
Docteur Ballard.
Je me sauve les yeux un peu
fêlés avec mes roches qui
sonnent comme des clochers
d'églises brûlées dans mes poches.

J'arrête au guichet automatique.
Je pitonne pour cinquante.
Elle m'en donne trente.
Je piétine comme pour éteindre
un feu.
La Sainte Vierge m'apparaît à
l'écran.

Elle me fait des bye-byes avec
mon vingt.
Elle ressemble à Dominique Michel.
Je suis à Québec :
je m'achète des fleurs en plastique
au Kresge.
Je les mets dans un vase.
Elles meurent.
Le mur de Berlin n'est plus
mais Pink Floyd en a construit
un autre pour un petit cachet et
Nelson Mandela est libre mais sa
femme est accusée de meurtre et
les Russes ont construit un
McDonald sur la tombe de
Maïakovski et
en Ontario une autre ville vient
de se déclarer unilingue anglaise.
Je suis à Québec et
je vire sur le top comme un
autobus orange plein de joueurs
de hockey franco-ontariens et
sur la rue Saint-Jean
il y a de plus en plus de monde
qui se parlent
tout seuls
comme des
Franco-Ontariens.

À la radio un Anglais prononce
idéaux comme idiot.
À la radio une Québécoise nous dit

que Hart Rouge est originaire du
Nouveau-Brunswick.
Sur le complexe G les assiettes
radar sont grosses comme les
oreilles du prince Charles.
Est-ce que je suis content de
rencontrer une Québécoise à un
party à Sudbury qui me répond
en anglais à chaque fois que
je lui parle en français ?
Est-ce que je suis heureux de
voir un peuple se battre sur
la glace mince de ses espoirs
un peuple payé pour se battre
devant des spectateurs qui se
réveillent juste pour les batailles
et vont pisser durant les
beaux jeux ?
Je ne sais pas si je devrais
sauter dans l'autobus pour
Sudbury ou sauter devant
l'autobus pour Sudbury.

Je traîne mon corps d'un
livre à l'autre
je traîne mes livres d'un
corps à l'autre
je suis un bum
un sans-abri de la poésie.
Je mange ma blonde sur un
divan déchiré tandis
qu'elle lit Pieds nus dans l'aube
et ma blonde pense que je la

trompe avec mon passé
mais je n'ai pas de passé.
Je suis le pays de personne
je suis un Canadien erreur
errant le long des rues de
Québec et
j'ai une chanson dans le cœur et
un chausson dans la gueule
a song in the heart and a
sock in the mouth et
demain c'est la fête de ma blonde
et
la fête du Canada.

Jaco Pastorius
(in memoriam)

Juste comme on pense être éternel
on nous sort du bar par
le chignon du cœur.

Dehors c'est la mort
qui nous attend
souriante et bandée
comme un bouncer
qui flaire une proie
facile.

On s'endort sur
un matelas de sang
et juste comme on pense
être éternel
on se réveille assassiné
dans une ruelle au fond
d'une ville sans nom et
sans âme où
seulement Dieu et
sa gang sont
éternels.

Les lumières de l'ambulance
fouettent le corps
comme des spots à un
spectacle d'adieu
et dans les loges
les miroirs sont vides.

Il n'y aura pas de rappel.

Deux poèmes sur Montréal
que j'avais oubliés

-1-
Montréal si tu
baises comme tu
conduis ta blonde
doit être pleine de
bleus.

-2-

Sur la rue Laval
en face de
La Maison Où Vécut
Émile Nelligan
les vidanges
ne sont pas
ramassées.

Peinture à l'os

La fenêtre est ouverte sur
D'Aiguillon comme sur un
petit village du sud de la
France.
Une assiette de tôle bat dans
le vent.
Elle est revenue.
Elle est là sur D'Aiguillon
debout sous l'arrêt de la 7.
La 7 passe et casse l'air comme
le Concorde pour Paris.
Elle est encore là
toujours aussi belle
si belle dans l'étui de la pluie
dans l'étanche étui de la pluie.
Les goélands font « ow!... » comme
Van Morrison dans The Healing Has Begun.
Comme Pierre Harel dans
Ça me prend de l'air,
Yes yes yes…
Son sourire.
Oui.

Non.
And no no no…
Ain't it a wonderful…
C'est un rêve.
Il pleut.
C'est quelqu'un de bleu qui
attend l'autobus.

Quelqu'un qui se dissout sous la
pluie comme une
aquarelle.
Une peinture à l'os.
Il pleut sur les poubelles de
plastique.
Les doigts de la pluie tapent
nerveusement sur la table
de la Terre.
Une assiette de tôle bat dans
le vent.

ÉTÉ

Les gazons sont
verts
comme de la
relish à
hot-dog
et

il y a
une
quenouille
dans ton
quenœil

Ginger Baker

Un orage gronde
au-dessus de la ville,
des roulements qui se ramassent et
se cassent
comme un solo de drum
de Ginger Baker.

Sous l'éclairage missionnaire
des nuages
nous devenons tous
des vieux rockeurs
qui ont finalement pris
leur retraite après
avoir vu Dieu dans
un hot chicken.

Ginger Baker
continue son solo
au-dessus de nous,
c'est en stéréo,
c'est San Francisco il y a
tellement longtemps et
tout le monde est gelé et
probablement mort
aujourd'hui…

Rushka (Petite rose ukrainienne)

Dans mon portefeuille
juste à côté de ma
carte d'assurance sociale
(436-275-598)
il y a une photo
de toi en
noir et blanc.

Je me rappelle de toi
en couleurs.

Sa guitare le pend

Sa guitare lui pend
autour du cou
comme une médaille
trop grosse et
trop pesante
pour se défendre
contre une poésie
devenue parodie
une poésie devenue
pastille
une poésie devenue
postillonnage

Sa guitare le pend
turn turn turn
et le vent ne souffle
plus de surprises
dans ses cheveux qui sont
brisés comme un
parapluie

et sur toutes les tables
de toutes les radios
on le fait tourner
turn turn turn
on le fait tourner
toupie qui dort
on le fait tourner
même pas mort
dans sa tombe

Faillite

Il finit sa bouteille de
vin blanc
règle l'addition et
sort.

Dehors ce n'est plus la
même ville et
il pleut.
Des taxis grognent
en grignotant ses
chevilles.

Ce n'est plus la
même ville et
il a oublié son
chapeau sur une
chaise et
il pleut
et derrière
lui

le restaurant a
fait faillite.

Expérience spirituelle cochonne
sur un Stabat Mater de Vivaldi

Je vois son corps qui passe
dans le corridor
comme un chameau
dans le désert.

J'entends le glas de ses pas
qui sonne dans le clocher
de mon cœur.

Elle est dans chaque voiture
elle est dans chaque
murmure.
Des violons dingues
chantent son nom.
Mes rolaids
mon rock & roll et son
humeur de truck.

Des camions déchargent
dans la rue.
Agneau du Québec et
Bœuf de l'Ouest.

Il n'y a plus de chemin
de fer
il n'y a que des chemins
de terre et
elle est partout et

je suis seul maintenant
avec ma poésie et
mon sexe en berne.

Danielle (de Saint-Casimir)

—qui me dit
lorsqu'il est
trop tard :

« j'ai beaucoup
changé
tu sais… »

Baleines

Je nous vois avec nos
baladeurs
essayant d'expliquer aux
baleines
qu'elles ne peuvent pas
stationner
sur la plage.

Je vois les remorques
qui viennent les
enlever

et leurs corps
qui laissent des
syllabes dans le sable

comme sur une
page.

Perogies
(pour Robert Dickson)

Le temps est gris.
Les temps sont gris.
Gris comme une Honda Civic
Wagovan.

Sur la rue Saint-Jean
le monde et son char et
le monde et son chien
roulent en sens inverse
du sens unique.

Il y a un homme qui
monte et descend la rue
depuis tantôt.
Il porte un complet brun marde
très propre et trop court et
rendu au coin de Saint-Jean et
Turnbull
il fait le salut nazi et fait
quelques goose-steppettes qui
claquent comme des matraques
sur la tête d'un manifestant.
Il tourne sur lui-même et
hurle quelque chose en
très mauvais anglais
retourne sur lui-même
et disparaît.

Je pense au gars dans le Donovan
à Sudbury

qui me regarde en nettoyant
une neige toute neuve de sur son char et
quand je le regarde il me dit :
« Wot de fuck you lookin
at ?... »
(« Quoi le fourre tu regardes
à ?... »)
Chaque mot est un coup de poing
dans le ventre du vent.
Chaque mot fait une
« sortie »
et
« livre son ordonnance ».

Je pense aux perogies.
Je pense à une pirogue faite
de perogies qui passe en chasse-
galerie dans le ciel au-dessus
de nos sous-entendus
à Québec
qui passe directement devant
la pleine lune et
on peut voir très clairement
ô prête-moi ta plume
ô pleure-moi ta plume
la mère dans la lune.

Greffe de nuit

Je me réveille dans le milieu de
la nuit à la lueur des
deux petits yeux rouges du
stéréo.
Pas de maman.
Pas de mémoire.
Pas de Michelle.
Pas de missel.
Il est quatre heures et quart
du matin et
à moitié endormi
dans la chambre de bain
je me pisse sur la
jambe gauche.
Je la secoue comme un chien
et je retourne me coucher.
Je me rendors en chignant.
Les pattes me bougent.
Je me gratte dans le sens du sang.
Je me greffe à la nuit.
Je rêve que j'écris ce poème.
Je ne me répète pas
je bégaie.
Le crayon s'use jusqu'au coude.
C'est un crayon avec
GRACIEUSETÉ DU NETTOYEUR
SAINT-ROMUALD
imprimé dessus.
Je suis rendu à
OYEUR SAINT-ROMUALD.
Je continue d'écrire.

La nuit rapetisse devant les avances
du jour.
Je suis comme un journaliste
de CNN.
Je continue à répéter les mêmes
choses jusqu'à en oublier le sens.
« Hey, we got some good
dead baby… », me dit le
caméraman.
Il y a des mots qui ne me
reviennent pas.
Il y a des mots qui ne me
reviendront jamais.
C'est comme si on m'avait fait
une lobotomie de la langue.
C'est comme si on m'avait fait
une vasectomie de la langue.
Elle bande toujours mais elle
ne fera plus jamais d'enfants.
Elle chante comme une boulette de
steak haché dans une cage à
hamster.
Je continue d'écrire.
Il est tard.
Il est tôt.
À Quatre Saisons
le feu est éteint et
les poissons sont morts.
Je suis rendu à SAINT-ROMUALD.
Après ça
c'est l'efface.

WCW

William Carlos
Williams
viens chercher

ta barouette
rouge

On est
tannés

de s'enfarger
dedans

câlisse

Culture

Quelque part dans les toilettes
d'un bar
un miroir couché sur un
lavabo et un gars en
coat de cuir qui se prend
pour Batman.

Il se peigne avec
sa mâchoire
d'en bas.

Quand le gars en
coat de cuir
s'accoude au bar et
me dit que je lui
fais penser à
John Coltrane

je me dis
qu'il est temps
que je parte
d'ici.

Delirium Timmins
(version vaudevillesque)

Je téléphone à Timmins.
Timmins répond.
C'est un gars qui veut traduire
mes livres en anglais.
Il parle très lentement comme
tous les Anglais qui parlent français.
Il parle très lentement comme s'il
venait juste de se faire
opérer au cerveau et qu'on
l'avait replacé un peu
croche.
Je lui explique que je suis
presque dans la rue et pourrait-il
raccrocher et me rappeler tout de
suite mais il continue
blablabla blablabla
polluant ma langue maternelle avec
toute la candeur d'un réacteur
Candu.
Il a fait ci il a fait ça
il a travaillé un an sur
Lance et compte
il a travaillé à Stratford
(merde c'est un acteur!)
et maintenant il explique aussi
lentement que possible :
ils m'ont donné une belle job payante
au Northern College de Timmins Ontario
et j'ai trouvé vos livres à la
bibliothèque et

je trouve ça très beau et je voudrais
les traduire.
Je lui répète avec la patience d'un poète ma situation
financière :
moi - téléphone - loyer = rue.
Ah la bohême !... il réplique
moi aussi j'ai été un artiste
j'ai même fait du stand-up
(pire qu'un acteur — un comique
qui se prend pour un poète)
j'ai beaucoup souffert tu sais
la drogue la boisson les femmes
etc. etc. etc.
(where's the cane ? get
this guy off !...)
(où est la canne ? débarquez-
moi ce con !...)
et tandis qu'il continue de
radoter comme un vieux radical
je lui raccroche au nez.
Je lui raccroche sur le nez
je ramasse ma meilleure paire
de ciseaux et d'un seul coup
je coupe le cordon ombilical de
m'man Bell et de
Timmins.

Où tu es

Dans
le restaurant ouvert
24 heures

où les musiciens poètes
putains pimps et autres
vont manger

où les anges et les
étranges les fuckés
les poqués vont se
pogner le pays

où les bons vivants
deviennent
des médiums saignants

où le hambourgeois
ne parle plus
français

où la rime
s'abîme les
babines sur
les cannes de
binnes

où le proprio
se frotte la cuisse

à la caisse et
ne prend pas de
prisonniers

où le bouncer a l'air
du genre de gars
qui se fait couper
les cheveux au
garage

où tu es
en pleine
ovulation
en pleine
évolution
à côté de moi

où tu

te couches
sur
ma bouche

La femme invisible

Dehors
c'est la pluie. Le vent
montre ses dents. Le froid
flirte avec les fesses.

Ma blonde est soûle et roule
comme une balle de golf
vers le 18e trou
du nowhere.

Elle dit :
le dernier Ducharme
un blanc d'Alsace et
l'homme invisible dans mon lit
quoi vouloir de plus ?

En bon Franco-Ontarien exilé
je lis le dernier Stephen King
en français. Je dis :
Pis ? Le dernier Ducharme ?
Comment c'est ?

Ben c'est pas un chef-d'œuvre
elle répond en riant comme un
chauffeur de taxi et
immédiatement après elle
plonge la tête la première
dans la piscine de
la parole.

Elle est sur le
B.S.
(Le B.S. est juste à côté
d'une agence de voyages.
L'agente du B.S.
revient du Mexique.
Elle est bronzée comme
une poignée de porte et
à peu près aussi
froide.)

Elle a eu son chèque
d'impôt aujourd'hui.
Moi j'ai vendu ma
télévision.
Nous nous retrouvons
temporairement riches.
Aujourd'hui c'est comme Noël et
demain nous serons tous
sur le B.S.

Nous somme nus dans
le néant. Elle se fait
du café.
Elle me suce dans la cuisine.
Elle fait jouer
A Lush Life de Coltrane.
Elle mange une toast au
Cheez Whiz. Elle retourne
se coucher.

Le doux matou du matin
s'étire sur les couvertures
de son lit sur
la rue Latourelle.
Je glisse entre ses jambes
aussi facilement que je
glisse entre l'anglais et
le français.

Mais ça fait moins
mal…

Une bière avec Bouddha

Entre deux bières
la lucidité
d'une bonne pisse

Jazz

Le jazz est bon bon bon
comme un scotch comme un
jongleur qui fait toujours peur
avec ses christ de quilles mais
qui les échappe jamais et le band
part chacun de son bord et étire
la bretelle jusqu'au bout et c'est
la même bretelle étincelante qui
nous tient tous suspendus entre
la vie et la mort dans ce bar ce soir.

Je suis au Zanzibar alias
Les Nuits du Nord de l'Ontario
où ça paraît même pas que
Ti-Guy Lizotte a déjà renversé
sa bière dans le piano en lisant
sa poésie où
j'écris maintenant une sorte de poésie
perdue dans ce pays où je ne suis que
sous-locataire.

Je finis la soirée sur le bord du bar
et comme je ne peux plus rien
écrire ou décrire je fais un solo
de drum de crayons sur
mon cahier et
quand tout est fini je
glisse de mon banc et je
remercie les musiciens et je suis
comme un petit gars encore
tout trempe derrière les oreilles

avec des secrets sous mon
oreiller et les musiciens sont
tannés de se faire remercier
les mercis volent autour d'eux
comme des maringouins comme
des mouches noires sur le bord du
lac Saint-Jean et
c'est le premier juin 1988
à Québec et la nuit m'attend sur
le coin de la rue.
Je me jette dans ses bras
et
elle se ferme sur moi.

Verlaine et Rimbaud

1.
Verlaine
assis sur le bord du lit
regarde passer les jours accablés
par la parole.

Il ne peut plus parler.
Il a l'haleine coupée
par la lumière blanche
de l'unique lampe
dans la pièce.

Il est mort
de fatigue.
Ses poèmes
dansent
autour de
lui.

À ses côtés
Rimbaud
dort encore.

Verlaine décide de sortir.
Il enlève le pyjama puant
de sa peau
le plie soigneusement
et le dépose
au pied du lit.
Il éteint la lumière
et sort.

Dehors
le soleil est gelé au ciel
comme un diamant.
Verlaine marche lentement
changeant d'âge
à chaque coin de rue.

Autour de lui
des voiture passent
en toussant
ouvrant et fermant
leurs portes telles
des ailes d'insectes.

Le ciel s'amuse
dans ses yeux.

2.
Dans la chambre
Rimbaud dort
toujours.

Son visage pâle
est une lune
dans les nuées de couvertures.
Des vers courent
dans sa chemise
sale.

Sans-abri

Sans-abri
et
sans voix

pour eux
Les feuilles d'automne
ne sont

ni poème
ni chanson
ni

maison

Des livres de haïku

Rue Saint-Jean je
rentre dans une
boutique ésotérique.

« Avez-vous des livres
de haïku ? » je demande
au vendeur.

Il me répond :
« Nous n'avons rien de
cet auteur… »

Dans l'entrepôt de la sagesse
une boîte pleine de livres
prend feu.

Caisse pop

La caissière à la caisse populaire
relève sa robe et me montre son
guichet automatique.
Elle m'avertit que j'ai besoin de
deux pièces d'identité.
Je baisse mes culottes et je lui
montre ma
carte de guichet.
Elle la tourne et retourne dans
ses mains.
Elle me regarde avec un sourire
à blanc et me dit:
«Elle est très belle, mais ce n'est
pas assez...»
Bon.
J'enlève ma chemise.
Je suis complètement nu main-
tenant.
Je m'enfonce la main droite dans
la poitrine et
je m'arrache le cœur.
Je le place
encore chaud et battant
sur le comptoir.
Elle le tourne et le retourne dans
ses petites mains roses qui sentent le
savon à vaisselle.
Encore une fois
elle clanche le chien de son
sourire à blanc.
«Il n'y a pas de signature.

Il me faut quelque chose avec une
signature…»
Bon.
Je me vois dans la grande fenêtre
de la caisse populaire.
Je suis en fatigues militaires et
je suis très très très
fatigué.
Je m'arrache les dentiers et je
les lance vers la caissière qui
les attrape et
se les met en couronne sur la
tête comme une
reine du Carnaval.
Elle pleure et je meurs mais
je reviens
je porte un masque de gardien
de but et
j'ai une grosse hache qui luit
comme sa couronne que je
balance comme un pendule au
bout de mon bras droit et
c'est un vendredi treize dans
la belle ville de Québec et
mon masque porte un smile
que seulement la mort peut
satisfaire et je lève
la hache très haut au-dessus
de ma tête et je dis:
«Ce serait pour un dépôt…»

Un poème pour Félix en écoutant Van

Quand il chante
il se plante
comme un arbre
sur la scène

Aucun éloge
ne le déloge

Il chante et
s'enracine
dans les planches
comme un
peuplier

comme un
peuple

Souvenir corps léger 14 sur 16

1
Tu es fragile comme une statue
Tu as des égratignures un peu
partout
Tu es
une sainte vierge pas trop sainte
qui a été trop souvent enceinte
sainte mère des turluteurs des
tuques en sucre

Dans ton ventre les Ballets canadiens
dansent un set carré

2
Le fleuve est gris et les
bateaux sont bleus et longs
comme un blues dans la gorge
du Québec

Je mets des parlements de
rhum et coke sur mes pensées
de toi

La mort ne donne pas de bonnes
pipes et
il n'y a rien de plus triste
que de voir l'amour qui se
rhabille

3
Au-dessus de Montréal
les oies passent comme
des lignes de coke
sur le miroir bleu
du ciel

et à Timmins
les oies ne
s'arrêtent pas

elles se rappellent
la dernière fois

4
Au-dessus de Québec
les oies passent
au-dessus de ton balcon
où tu es assise
verre de saké à la
main
cigarette dans
l'autre

une des oies
c'est moi

5
Terre comme une pierre et il
pleut toujours et
je m'ennuie déjà de toi de
tes yeux comme un poème en
souvenir corps léger 14 sur 16
et chaque fois que je dis ton nom
j'avale un peu du pays où tu
vis

La fissure de la fiction

1997

Il faut dire qu'il se sent bien
seul.
Il faut dire que la solitude pour lui
est une habitude.
Une maladie, comme l'alcool.
Il l'habite
comme le petit un et demi
où il vit avec ses poèmes et
ses fesses sans amour.
C'est l'hiver et il y a
à travers ces mots
le ronronnement fidèle d'une
petite chaufferette Black & Decker
qui l'a suivi chez lui un soir
particulièrement froid.
Il ne sait pas combien d'idées
se sont envolées de sa tête
comme des oiseaux d'un couvent
mais il aimerait au moins retrouver
le bruit de leurs ailes.
Il faut dire qu'il a subi la plus
grande peine d'amour :
venir au monde.
Il faut lui donner la certitude
du doute.
Il ne veut pas dormir.
Il veut écrire.
Il veut écrire dans son petit monastère
en soignant les petits matous de
la mort.

Il se lève au milieu de la mort
pour écrire un mot.
Il oublie le mot.

Mais la mort ne l'oublie pas.
Parce qu'elle est amoureuse, elle…
Il se rendort et la mort sort en
claquant la porte.

On entend le vent qui siffle
Stella by Starlight dans
la fenêtre.
Il n'y a qu'une seule fenêtre.
Ce n'est pas par erreur.
C'est de l'architecture.
C'est de l'écriture.
Il écrit.
La poésie
c'est le fast-food de la
littérature.
Il aime le fast-food.
C'est la littérature des pauvres.
Il veut écrire un roman.
Mais pour le moment il est trop
pauvre.

Il regarde autour de lui.
Il sait qu'il est près de tout mais
il ne sait pas de quoi.
Il sait qu'il est venu à Montréal
pour écrire un roman.
Il se réveille toujours avec l'impression
d'être ailleurs.

Il se réveille avec une envie
d'écrire de la fiction mais
il réalise qu'il est trop près
de tout pour écrire
de la fiction.
À chaque fois qu'il essaie d'écrire
de la fiction, elle devient
de la poésie.
Il ne comprend plus rien.
C'est aussi bien :
ça l'aide à garder sa sainteté.

Le vent chante dans la fenêtre
comme l'esprit d'un vieux moine
zen.
Il ne se fait pas de promesses.
Il vit dans un pays où les griots
deviennent des itinérants.
Il vit dans un pays où
la sagesse couche dehors
printemps été automne hiver.
Il vit dans un pays où
il n'y a plus de fiction.

Il y a une caméra qui le suit
partout comme un diable.
Le caméraman est tout l'temps
soûl.
C'est la caméra ivrogne
de la vie.
Il rêve qu'on passe un vidéo
de lui qui lit ses poèmes à
Drôles de vidéos.

Le monde s'esclaffe tellement fort
que l'estrade s'écroule tuant
tout l'monde sur-le-champ tandis
que l'animateur meurt de rire.
Il voudrait mourir aussi
tellement il a envie de vivre.
Il pense qu'il a commencé
le roman.
Il veut l'intituler FICTION.
Dans sa demande de bourse il
dira que ce livre se veut un synopsis
de la solitude utilisant
une méthode symbolique
d'écriture.
Il dira aussi que ce livre
racontera
l'histoire d'une société simpliste
qui résume sa propre stupidité
par la phrase :
C'est comme ça.
Il n'aura pas la bourse.
C'est comme ça.

C'est comme ça qu'il est arrivé à
cette idée de la fiction.
C'est pour ça que depuis ce temps-là
il se conte des histoires.
La poésie ça pogne juste
dans les romans.
Il se rappelle avoir vu un poète
à une lecture qui s'emballait
et se déballait de son trench comme
un cadeau de Noël, comme

un sac de couchage qui a pris des
leçons de nage dans
le fleuve Saint-Laurent.
Il avait les deux mains en l'air
en pistolets et hurlait comme
un Zapata après tout ce qui bougeait.
Il n'a pas eu de bourse.

La poésie ça pogne pas.
La fiction c'est la poésie qui a encore
toutes ses dents.
C'est comme ça.

Il se lave les mains
fait partir l'eau
qui se court la queue et
disparaît. Le bruit de l'eau
de la chasse se fond au bruit
du petit Cessna de la fidèle
petite chaufferette à ses pieds.
Ça fait un bruit de mer.
Ça fait un bruit d'avion qui
vole au-dessus de la mer.
Il n'y a personne dans
l'avion.
Est-ce qu'elle a sauté dans la mer
par passion amoureuse ou est-elle
allée chercher du lait ? Non.
Elle s'est jetée par fiction amoureuse.
Alors, on l'a effacée de la page.
C'est comme ça.
Elle est devenue un poème.
Elle est devenue une prière.

Elle n'avait pas de parachute.
Elle ne savait pas nager.
Sploush dans l'éternité.
Il se lave les mains et
se couche.
Tandis qu'il dort, la voisine monte
les marches avec son petit chien.
La petite chaîne du chien de la voisine
fait un bruit d'homme qui se
déculotte.
Il se réveille un instant et
l'écoute passer.
Il soupire.
Le Cessna explose.
C'est comme ça.

Il se lève et finit la grosse bière
flatte sur sa table de travail.
Il ne regarde pas
le travail sur la table.
Il fouille dans sa bibliothèque
pour des livres à vendre.

POUR ÉCRIRE DES LIVRES
IL FAUT VENDRE DES LIVRES!

C'est un libraire qui lui avait hurlé
ça un jour.
Il écrivait un roman lui aussi.
Alors il lui vendrait des livres.
Il sort et dans le corridor
rencontre le concierge.
Il essaie de passer vite en

frôlant le mur
accroche le concierge avec son
sac à dos plein de livres et
le concierge fait un plongeon
olympique gracieux vers
le plancher du premier.
Ça ne fait pas sploush.
Il se dépêche de descendre et sortir et
a juste le temps de s'apercevoir que
le corps a disparu.

En rentrant il voit une
petite fissure dans le plancher
du bloc. Elle est ouverte et rouge.
Un faible hululement d'injures
en émane.
Pauvre Monsieur Chalifoux!
Ça doit pas être facile d'entrer
comme ça dans l'éternité.
Il l'aimait bien quand même.

Il remonte à son roman
qui l'attend comme une amante
il sait
tout écartillée et chaude sur
sa table de travail.
Elle est sous la lampe
elle se fait bronzée et belle
sa fente de cahier
son poil de page.
Il ouvre la porte tranquillement
pour la surprendre.
Elle aime les surprises.

Il s'approche.
Il lui chatouille la marge.
Ça sent la margarine brûlée et
la vieille bière mais
ça fait rien parce qu'
elle est son manuscrit oui
she's his Mama!...
C'est comme ça.
Les semaines de vaisselle sale sont
seules et nerveuses sur le bord du
lavabo.
C'est un titre qu'il avait retenu
pour son roman :
Les Semaines de Vaisselle Sale.
Mais il aime mieux :
L'Homme Qui Danse Avec les Trenchs.
Il pourrait peut-être vendre ça à
Hollywood
faire des millions
renier sa famille et son pays et
revenir quelques années plus tard
pour faire un mauvais film
sur son pays.
Juste pour dire qu'il aime encore
son pays juste un tout petit peu.
Il se réveille en sursaut.
Shit! C'était juste un rêve.
Il se lève du mauvais côté du lit.
Son lit est contre le mur.
Son lit est contre la mer.
Sploush, encore.
Il nage jusqu'à son lit et
cette fois descend du bon bord.

Il se dit c'est pas facile pour
un poète d'écrire un roman.

Tout le monde lui dit qu'écrire
un roman ça prend du souffle.
Du souffle!
C'est quoi la poésie?
L'éjaculation précoce.
Il donne un coup de pied à la petite
chaufferette pour qu'elle
chauffe autre chose que les muscles
graffignés et probablement greffés
du calorifère.
Ça cogne à la porte.
Il ouvre et c'est la voisine.

Il ne sait plus quoi dire.
Elle sourit et le regarde.
Elle a les yeux plus glissants
que de la glace noire sur la 20.
Elle lui demande de garder son chien.
Il dit oui. Sans s'en apercevoir.
C'est comme ça.

Sur la 20 avec son homme
la voisine dit qu'un étranger
garde son chien.
Il reste où?
Dans mon building
c'est mon voisin.
C'est un poète.
Il veut écrire un roman.
Qu'est-ce que tu connais de lui?

De ses livres ?
Non. De lui.
Je lui ai prêté de l'argent.
Ça fait longtemps.
Ah. Bon.
En lui pognant une de ses
merveilleuses cuisses
dans le coin de Saint-Apollinaire
il frappe un chien de campagne.
Ça fait Wouf sous la voiture.
Il continue de lui caresser la
cuisse.
Elle chigne amoureusement.

Il y a une femme qu'il a aimée
avec tout son cœur
avec toute sa peur.
Il l'aimera toute sa vie en sachant
qu'elle l'haïra toute sa vie.
Le vent chante son nom a cappella
dans la fenêtre.
On dirait une chanson des Beatles
tellement les harmonies sont belles.
Well well well.
Ça a été une relation plutôt houleuse.
Le bateau ivre avait l'air de
Disneyworld en comparaison.
La fée des étoiles a avalé son sparkler
après ça.
Cette femme lui disait
tes poèmes sont cute mais tu devrais écrire un
roman.
Il disait je ne suis pas capable

d'écrire un roman.
Je suis un poète.
J'ai dix livres… — Oui mais
tu devrais peut-être tous les
mettre ensemble et faire
un roman.
Pourquoi es-tu obsédée avec
l'idée du roman?
Parce que ça dure plus longtemps.
Qu'est-ce que t'as contre la poésie?
Ça dure pas assez longtemps.
Mais qu'est-ce que je peux faire?
Baise-moi plus souvent
lentement longtemps
comme un roman.

Elle l'appelait au milieu de
la nuit et lui demandait
ce qu'il faisait.
Il répondait j'étais
dans les bras de Morphée.
Elle disait :
Morphée? Morphée qui? M'as la tuer!
J'm'en viens! M'as la tuer! Tabarnak!
J'prends l'autobus!… J'm'en viens!
M'as la tuer câlice!…
Quand il contait cette histoire
à ses amis, ils lui disaient que
ça ferait un bon roman.

Il y a des jours où
il ne pense plus à ça.
Il y a des jours où

il est stable dans l'étable.
Il y a des jours où son cœur bat
avec la beauté d'un chant grégorien.
Il y a des jours où son cœur a
la couleur d'un concerto de Sibelius.
Il y a des jours et des jours et des jours
et des jours et après
il y a des jours et des jours et des jours
et des jours et des jours et
il y a le rouge de la nuit sur ses joues
comme celle qu'il aimera toujours.
Il y a des nuits où il ronfle comme
un roman de Blaise Cendrars et
il rêve qu'il prend le Transsudburois
qui déraille toujours à Ottawa et
il se réveille aussi confus qu'un
ornithorynque.

Étendu dans les plis de son lit
les yeux grands ouverts
il rumine son roman.
Il se dit qu'il pense être en chemin
de l'écrire et que
les meilleurs moments vont venir et finir,
comme au cinéma, sur
le plancher de la salle de montage.
Un gardien vient durant la nuit et
ramasse les serpents ensanglantés
de sa vie.
Ils bougent encore et ils sont coupés
mais ils vivent encore.
La fin cherche le commencement
le commencement cherche la fin.

Son futon explose, envoyant du
linge de pauvre dans toutes les
directions.
Il est pauvre comme Job.
D'où le mot job.
Il réalise soudainement que l'écriture
c'est être assis dans le silence en
attendant que le réfrigérateur
reparte.

En refermant la porte du réfrigérateur
sur un vent de froid et de vide
il se tourne la tête et se cogne sur
la caméra qui faisait un gros plan.
Un gros plan sur sa faim.
Le caméraman tombe par en arrière
et s'enlise dans les sables mouvants
dans les nœuds de pendu du plancher
de cuisine.
Crisse de niaiseux, il crie, sais-tu
comment ça coûte une caméra comme
ça!
J'vas revenir, m'as t'avoir, j'vas revenir,
crie-t-il en coulant dans le mouvement
perpétuel de sa colère. Il disparaît
avec le bruit d'une botte dans une
flaque d'eau.
Il ne reste que le capuchon de la
lentille de caméra qui flotte à la
surface.
En s'approchant il s'aperçoit que
ce n'est pas un capuchon de lentille
mais bel et bien un couvert de pot

de confiture aux framboises.
Il réalise aussi que la folie
c'est cette partie de lui qui ne reviendra plus,
comme les mitaines oubliées sur
un comptoir dans un magasin à
une piastre ou
sur la banquette arrière d'une voiture
la veille du jour de l'An.
Assume. Assomme.
Assomption.

Avec tout ceci dans face
il décide de sortir prendre
une grande marche. Il
ferme la chaufferette qui s'éteint
en bougonnant et il
descend philosophiquement les marches
en regardant les nouvelles fissures
avec un frôlement de frisson.
Au rez-de-chaussée il remarque que
la fissure causée par la chute du concierge
s'est agrandie. Un
grand œil pousse là, aussi froid
qu'une confiture aux framboises.
Il pense à la phrase
Nous Vous Avons À l'Œil.
La fissure a des crottes à l'œil.
Crottes de crocodile.

Il descend la rue Saint-Denis,
terrorisé par les terrasses
par les terribles terrasses pleines
qui lui glacent les veines comme

le sourire sans-cœur de l'hiver.
Il tourne à gauche sur Ontario
s'éloignant encore un peu plus de
l'Ontario qui est et sera toujours
sur son dos comme une boule de
bowling.
Il est le bossu de l'Ontario et
il voudrait baver sa rage chaude et
bouillante sur tout ce qui bouge.
Il entre, au hasard, dans un bar.
Question de rafraîchir sa rage.
C'est une soirée de poésie.
Le bar est tellement plein qu'il
ressemble à un sandwich thon
tomates fromage mayonnaise avec
les feuilles de laitue qui dépassent.
Il réussit à se trouver un petit
coin.
Debout.
Comme une plante qu'on a plantée là et
oubliée.
Il y a un poète qui lit.
Il a l'air un peu fatigué.
Disons qu'on vient juste de le déterrer.
Il a encore des mottes de terre
dans les cheveux.
Il a l'air de Chet Baker juste avant
qu'il tombe de son banc au
xième Festival international de Jazz
de Montréal.
Il a l'air d'être habillé
d'une peau de peur.
Il porte une salopette vert malade

saupoudrée de trous de balles.
Des petits trous rouges qui pulsent
comme des lumières de Noël.
Il se dit, en buvant sa grosse bière,
ça doit être comme ça qu'on coupe
le financement des arts ces jours-ci.
Engagez un poète mort!
Ça vous coûte rien.
Juste la réfrigération.
Il se tourne et aperçoit
L'Homme Qui Danse Avec les Trenchs.
Il a son trench en hijab
sur la tête.
Il est là
face à face et frais comme
une tarte à crème,
L'Homme Qui Danse Avec les Trenchs,
qui lui dit :
Je ne peux plus voir ça
je vais aller écrire un roman
je n'ai pas besoin de ça, et
il enlève son trench de sur sa tête
et le secoue avec un claquement de portes
et de cloches d'églises tuméfiées.
Et il part comme un poème
dans la nuit.
Il tourne la page et disparaît.
On ne l'a jamais revu.
Tout ce qu'on a trouvé c'est son trench
trempe et troublant de vide
dans la rue.

Le lendemain, quand il se réveille avec

une migraine et juste une mitaine,
il écoute une cassette d'animaux morts
pour se sentir en vie.
Il se lève, le tête en touffe, donne
un coup de pied à la chaufferette encore
frette et
regarde son roman pas fini.
Il tombe dedans.
Il hurle dans une vente de garage
dans le ventre estropié d'une ruelle.
Il beugle dans une voiture volée
sur la 20 vers Québec.
Il décide de s'arrêter à Saint-Apollinaire,
son poète préféré, et de
faire un dépanneur.
Il a un fusil qui le suit depuis sa tendre
enfance. C'est un jouet mais
il a l'air tellement vrai qu'il
pourrait presque tuer quelqu'un.
Il braque le gun dans face de la
caissière et dit
je suis pauvre
je suis poète
donne-moi l'argent.
Elle dit
prends le cash
prends tout dans place
n'importe quoi mais
parle-moi pas de poésie.
Il dit
je suis en train d'écrire un roman
veux-tu être dedans?
Elle dit oui

je suis pas mal écœurée d'être ici et
ils partent tous les deux
laissant le dépanneur vide et ouvert
avec toutes ses lumières laides
allumées.
Les phares du char fendent la nuit
comme les aiguilles d'une horloge
fendent les heures.
Le char est une Chrysler Cordoba 1982.
C'est le genre de char que t'as le temps
de prendre deux cafés
un cheeseburger garni
laisse faire le pickle
cruiser la waitress un peu
aller pisser et
regarder ta queue qui te sourit
tandis que le gars remplit la tank
du char en regardant dehors, ne
réalisant pas qu'il est déjà dehors.

Le déséquilibre est une façon d'essayer
de trouver un juste milieu.
Il y a des vomissements et des hennissements
dans la grange où les anges font
l'amour.
Ils ont roulé jusqu'à la maison de
campagne d'un de ses amis.
Après ça, il ne se rappelle de rien.
Juste d'elle.
La fille du dépanneur.
La dépanneuse.
Où est-elle ?
Qui est-elle ?

Il ne se rappelle même pas de son nom.
Il descend en bas dans une cuisine
remplie de lumière dorée.
On dirait qu'il est dans une bouteille
de bière.
Il a la tête pesante comme une planète.
Il regarde par une fenêtre et voit la
Cordoba qui dort sous un arbre près
d'un garage rouillé.
Il regarde par une autre fenêtre et
voit des champs longs et blonds qui
s'étendent jusqu'au bout de son iris.
Il sort de la maison et embarque
dans la Cordoba, met la clef, la part.
Elle fait
Où où où où Ouuii!…
Il lui fait faire quelques tours de la
grange dans le gros champ blond du mois
d'août en accélérant lentement de
plus en plus vite jusqu'à la vitesse
de la lumière.
Lui et la voiture deviennent un
hula hoop fluorescent autour de la
grange et disparaissent
apportant tout avec eux.

Il est de retour chez lui devant la
page vide de son roman.
Rien de ce qui s'est passé ne s'est passé et
il est encore seul avec sa page blanche
et sale comme un vieux bas.
Dans l'entrée du bloc l'œil du concierge
dans la fissure de la fiction

continue de grandir.
Il suit tout.
Il sait tout.
Dehors le vent se lève
comme un Godzilla qui veut tout casser.
Un grand vent comme un bûcheron
sur la brosse bat l'air.
La senteur suintante de cinquante
soupers différents qui flotte dans les
corridors.
Ça sent le vieux restaurant.
Ça sent la caserne infectée.
Ça sent les toilettes aux eaux troubles.
Ça sent la caméra camouflée.
Ça sent la caresse non consommée.
Ça sent la cicatrice non caressée.
Le téléphone sonne comme une
personne.
Il répond.
On l'invite à lire sa poésie
au hasard dans un bar.
Il éteint la petite chaufferette et elle
roucoule ridicule roucoule ridicule
en s'endormant sous l'aisselle du
calorifère.
Il barre la porte et descend les
escaliers escaliers escaliers escaliers escaliers.
En bas, l'œil de la fissure de la fiction
est toujours là.
L'œil commence à avoir l'air et l'odeur
d'un œuf miroir oublié depuis
quelques mois dans un poêlon
sur un poêle froid,

tellement froid.

Il arrive à sa lecture de poésie.
Il attend son tour.
En attendant, une fille l'approche et
lui dit
tu as droit à deux bières et
elle lui donne deux vieux billets de
cinéma où c'est imprimé
ENTRÉE — UNE PERSONNE.
La fille est tellement gelée qu'elle
a des hélices dans les yeux.
Il fait attention de ne pas y perdre
la tête.
C'est à son tour.
Sous les lumières de la scène
il s'aperçoit qu'il porte une
salopette vert malade criblée
de petits trous rouges qui pulsent
poétiquement.
Il laisse échapper un petit cri
dans une bulle et se sauve.
Il se sauve à travers le silence
de la salle.
Silence qu'on ne pourrait couper qu'avec
un X-Acto.
Silence qui le suit comme un bouncer
jusqu'à la porte.
En sortant il glisse sur le trench de
L'Homme Qui Danse Avec les Trenchs.
Il se relève et ne sait plus où
il est.
Quelle est cette place ?

Où est ma face?
Il a les jambes molles.
Il tombe partout.
Il ne sait plus quelle place prendre
quelle place comprendre.
Il tombe partout.
Il fait peur aux arbres.
Il fait peur aux enfants.
Il passe à travers les passants.
Il court vers l'ouest sur la rue Ontario.
Vers l'Ontario.
Vers Sudbury.
Vers la source.
Vers un verre de vin avec Manuela
au Vesta Café
à regarder Sudbury rire et mourir
dans ses yeux où se pavane
la vraie poésie.
Où réside la résolution de son roman.
Il court comme un feu de forêt
le long de la rue Ontario.
Il brûle tout derrière lui et
s'éteint.

Il se réveille, encore boucanant, dans
sa petite piaule rue Saint-Denis.
Il ne se rappelle de rien.
L'affreuse senteur du café fraîchement
terrifié lui remplit les narines et
lui donne la nausée.
Il se rappelle de tout.
Il s'est encore endormi tout habillé.
Ça fait des mois qu'il dort mais il sait

quel jour il est.
Il a un avion à prendre.
Pourquoi?
On a découvert sa poésie.
Découverte et violée comme un pays.
Il aimerait mieux rester chez lui.
On l'invite à des lectures.
Toronto. Ottawa.
Et cetera.
Il veut mourir.
N'y arrive pas.
Se réveille tout le temps.
C'est fatigant.
En attendant le taxi pour l'aéroport
il fait les cent pas autour de son roman.
De temps en temps il marche sur
l'œil du caméraman.
On l'entend sacrer.
On entend sacrer les ouvriers qui
finissent les finissures sur
la fissure de la fiction.
Bang bang bang font
les marteaux roses d'enfants.
Il se lève.
Il se lave.
Il part.

Quand il n'est pas là, des petits camions
Corgi courent partout dans l'appartement.
Comme des coquerelles.
Ça cogne à porte.
Il n'est pas là.

Dans l'avion qui descend vers Toronto
qui brasse dans le vent
d'Ontario comme dans
un film B américain
on voit le fil et
le vent est un ventilateur de plateau.
À travers tout ça son voisin lui dit
est-ce que tu crois dans la vie après
la mort?
Il cale son scotch double et
se ferme les yeux.
Il rêve.
Il rêve qu'ils viennent juste de passer
l'Angleterre et sont maintenant au-dessus
de la France et que
le 747 atterrit comme une ballerine sur
la pointe des pneus à
l'aéroport Charles-de-Gaulle.
Après six heures de décalage
il n'est qu'un décalque de lui-même
collé au fond des caleçons du cosmos.
On l'attend
photo à la main.
Une chance parce que sinon
il ne se serait jamais reconnu.
Et après c'est une heure et demie
en auto tamponneuse sur le périphérique.
Il y a une femme qui lui parle
une ancienne Franco-Ontarienne qui
vit à Paris et a un accent de nulle part.
Il ne se rappelle pas de son nom.
Et encore après c'est direct à un cocktail
où on sert du champagne chaud et

des bébittes mortes sur des christ de
M. Christie et où
on te parle tellement proche du visage
que les sourires ont l'air de blessures.
Dans ce rêve il rêve qu'il est sur
le bord de la Seine et
il rit parce que la Seine n'est pas
plus large que le ruisseau derrière
chez Cédéric Michaud et qu'elle est
pleine de poètes morts flottant comme
des billots s'en allant vers
Mallette Lumber.
Il rêve qu'il est dans un train entre
Paris et le Mans avec Robert Dickson et
sous ses pieds la France danse
clic-clac clic-clac clic-clac
la France danse la claquette comme
une jeune fille et
sous le soleil la campagne brûle et
brille si verte et ouverte
qu'elle a l'air d'un immense brocoli
avec des maisons dedans.
Et son cœur bat comme la claquette
d'un film qui se tourne dans la
fenêtre où il est assis.
Un film tellement beau qu'il sauve
le monde 24 fois par seconde.
Il rêve vers la ville de Québec où
elle l'attend écartillée comme un
K majuscule sur un lit minuscule.
Il est près de tous mais il ne sait pas
de qui.
Il perd ses espadrilles velcro dans

Montmartre.
Il est comme une salopette avec personne
dedans.
Il est comme le gars à l'aéroport qui
lui dit, on va le rentrer dans l'avion
ton roman.

Chaque petite brise semble soupirer Louise
et faire danser les rideaux et sous sa
couverte
il rêve il rêve il rêve.
Il glisse vers la potence vers le poteau
sexuel de son amour accidentel en
criant Non Non Non
il faut que j'écrive
il faut que je décrive et
de son lit il se voit assis à sa table
de travail en train d'écrire son
roman tandis qu'il y a une troisième
version de lui qui se promène dans
la place
cigarette au bec et rhum et coke à la
main et
il se demande comment ils font tous
pour vivre ensemble dans ce corps,
si le téléphone sonnait ils sauteraient
tous au plafond comme Claudie the Cat
quand le petit chien le jappe par en
arrière.
Mais le téléphone ne sonne pas et
il est encore au lit
il entend les petits oiseaux qui chantent
Street Corner Symphony

comme les Persuasions.
Il fredonne un blues accapareur et
il sait qu'il sera toujours un touriste
sur la Terre.
Il n'est encore qu'une silhouette à la
recherche d'une ombre.
Il n'est encore qu'une ombre à la
recherche de lumière.
Il se promène dans sa chambre
où qu'elle soit
comme un revenant.
Un revenant qui n'a plus personne
à hanter que
lui-même.
Il rêve qu'il se réveille
et
il se réveille à l'hôtel Park Plaza à
Toronto chambre 727.
Tout est tranquille.
Le caméraman qui le suit partout
lui a laissé une blessure dans le dos et
sa blessure saigne sur tous les
beaux meubles de cette belle suite
le sang tache les draps et les tapis
il remplit le bol de toilette
il sort des robinets
il coule le long des murs de ce bel hôtel
et dehors
tous les feux restent au rouge
le trafic fige comme des bananes dans
du Jell-O
le sang remplit le métro et les bars rétros
le sang caille et

la vie arrête pour laisser passer
la mort et
des dollars descendent du ciel comme
des parachutistes paramilitaires et
collent à tout
et
il laisse son corps mort dans le lit de
la chambre d'hôtel et
son âme s'envole de Toronto vers sa chambre
à Montréal et de cette altitude
l'intersection de Bay et Bloor a une
fissure aussi, une
fissure qui a vraiment l'allure d'un
trou de cul.

Il se réveille chez lui
dans sa chambre avec
l'éternelle chaufferette qui souffle
sa mince chaleur sur ses jambes
maigres.
Il est pesant comme dix paniers de
pommes et il a peur de renverser les
pommes en se levant.
Dans sa fenêtre c'est un ciel bleu
classique.
Il se réveille avec l'éternelle soif.
Il sent qu'il a de la flanellette sur les
dents.
Il se lève soudainement et va renverser ses
dix paniers de pommes dans le
bol de toilette.

Il rêve comme un réveille-matin.
L'heure approche.
Cette fois dans sa fenêtre il pleut
des nouilles Kraft Dinner.
Maudite température de célibataire.
Il est encore chez lui.
La radio brûle.

Il veut (et « veut » écrit au crayon ressemble
étrangement à vent).
Il veut écrire un roman mais il n'est qu'un
romanichel dans un poème de Villon.
Il est parallèle à l'horizon et parallèle à
personne puisqu'il est seul dans le lit.
Il est seul
à part le miroir qui
comme un miracle lui
livre son visage et
son âge. La langue
lui flotte dans la bouche
comme les poètes morts
qu'il a lus à l'école.
Quand les poètes morts reviennent de l'école
ils se font chicaner comme du chili con carne
aux ongles incarnés par leurs parents.
Il s'habille lentement
s'accotant sur ce qu'il peut pour
ne pas tomber en panne dans ses
pantalons. Ses
pantalons sont un Pontiac dans lequel
il a de la misère à embarquer et
débarquer.

Il a de la misère à traverser la rue
jusqu'au dépanneur pour s'acheter
un 950 de Bud avec le petit change
qui lui restait dans une boîte
d'Appleton Estate Jamaica Rum.
Le monsieur compte aussi lentement que lui.
Il tremble en dedans.
Il tremble comme un tremble parce
qu'il a peur d'avoir mal compté
son change
parce qu'il sait qu'il va se faire zyeuter
par l'œil de la fissure de la fiction
en rentrant
la fissure de la fiction qui grandit
de plus en plus
de + en +,
$x + y = z$.

Il ne comprend plus rien
vite une bière pour comprendre
pour se défendre et
dire, pour dire.
Pour enfin dormir.
Son roman l'attend.
Comme l'amante qui a laissé son amant
sur le bord du lit pour aller chercher
une pinte de lait et n'est jamais
revenue.
Le drap blanc et vitreux et toujours vide
dans sa chambre l'attend avec pas grand
amour.
Il a des impatiences dans les jambes.
Il a le souvenir d'avoir trop marché.

Il s'endort dans sa chaise
devant son roman.
Il rêve qu'une araignée l'a piqué
au pied et
semé des œufs dans son
système sanguin.
Il rêve que les bébés araignées naissent
et le caressent sous la peau des pieds.
Il rêve que la fissure de la fiction
lui pousse comme un bobo
sur le corps.
Un petit œil lui pousse dans la paume
de la main.
Il se réveille dans sa chaise dans sa
chambre
dans son roman.
Il sent une présence qui se perd
dans les périphéries de sa peur.
Il crie :

MAMAN, C'EST-TU TOI ?
J'AI SOIF
JE VEUX UN VERRE D'EAU !
Y FAIT NOIR ICI...
MAMAN, DÉTACHE-MOI DE CE
CAUCHEMAR DE MARDE !...
MAMAN ! MAMAN ! MAMAN !

La voisine varge dans le mur.
Il se réveille seul et ivre-mort.
Il entend quelqu'un qui
monte et monte et monte les
marches.

Quelqu'un qui marche dans son mal
de tête.
Quelqu'un qui
trompe trompe trompe
sur sa tristesse.
Une armée court sur son cœur.
On frappe à une porte.
Il n'est pas sûr que c'est sa porte
parce que toutes les portes mènent
à lui
parce que chaque bruit mène
à lui et
il veut mourir et il meurt comme
le M dans Meurt
qui a tellement l'air d'une araignée
qui l'a aimé.

On n'appelle pas ça des barbots pour rien
disait la maîtresse d'école en
lui tapant sur les doigts.
Il en avait avalé un
un june bug qu'on appelait ça
en descendant la Rae Hill à Timmins
sur son vélo.
Il lui avait rentré dans gueule
comme un avion Hercule dans un hangar.
C'est le goût qu'il a dans la bouche
en se levant ce matin.
Toute sa vie il a eu ce goût dans
la bouche.
Le goût de la poésie.
C'est comme ça.
Il se réveille entre le rêve et la

poésie.
Entre le roman et le rythme.
Entre le roman et le rite.
Il cherche la date dans son agenda.
Il est vendredi 13 partout dans le monde.
Il tourne les pages et c'est partout
pareil.
Dans son agenda
ce n'est pas un cadeau
c'est un livre de Stephen King qui
sourit comme du cash sur
la pochette arrière.
Comme un Américain qui vient
d'acheter le bloc où il écrit
son roman.
Il jette son roman par la fenêtre
comme s'il libérait un oiseau.
Le roman s'envole sans même dire merci.

Il est dans un autobus pour Montréal.
Il boit du saké dans une bouteille
d'eau de source Labrador.
Ça ne sent rien et le chauffeur
et son voisin ne se doutent de rien.
À travers la fenêtre il voit des
champs et des chevaux.
Il voit deux chevaux bruns et luisants
comme de la vieille boiserie
qui dansent ensemble en se tirant
la langue.
Finalement ils se mettent nez à nez
et leurs langues se nouent dans
un parfait nœud papillon.

Ils continueront de danser
jusqu'à la mort.
Il arrive de visiter la blonde qu'il a
laissée à Québec pour venir écrire à
Montréal.
Elle a pleuré toute la fin de semaine
tandis qu'il a passé son temps entre
les bars et la chaise berceuse.
Ils ne se sont même pas touchés
au lit.
Sa valise était à côté de la berceuse
endormie pleine et satisfaite comme
un chien fidèle.
Il n'a même pas sorti son linge.
Un beau jour ensoleillé comme le diable
il a sifflé sa valise et
sans même laisser un mot
est allé prendre le premier autobus
pour Montréal.

Il prend une bonne lampée de saké
et les larmes viennent enfin.
On dirait qu'elles viennent d'un puits
profond
si profond
qu'elles viennent du centre de la Terre.
Elles sont brûlantes et lui font mal
aux yeux.
Ses yeux chauffent comme des charbons et
son cerveau se calcine lentement
comme un hamburger.
Il se prend une autre lampée de saké
pour éteindre le feu.

Ça fait shhh et ça va mieux.
Son cœur s'éteint dans une grande
bouffée de boucane.
Il s'endort
son saké atteignant la température
parfaite entre
ses jambes.
On le brasse.
Il se réveille.
C'est le chauffeur.
L'autobus est rempli de fumée.
Ceci est un voyage non-fumeur monsieur
dit le chauffeur.
Et le voilà sur le bord de la 20
avec son saké et sa valise
avec les yeux encore gommés.
Il regarde derrière lui.
Il voit une pancarte verte qui annonce
la sortie Saint-Apollinaire.
Il se prend une gorgée de saké.
Il sort son pouce.
Le ciel est bleu.
Comme si c'était normal.

Il ouvre la porte du bloc.
L'œil de la fissure est toujours là
mais il a grandi.
Il y a maintenant des fissures partout
autour de l'œil.
Les fissures ont grimpé les murs
elles sont partout
le building a l'air d'être sur le point
de s'écrouler et

le téléphone payant dans le hall
sonne sans arrêt comme
une cloche à feu.
Il crache des trente sous dans
toutes les directions comme
une mitraillette nerveuse.
La voisine avec son petit chien
en chapeau de Davy Crockett sur la
tête lui crie
d'en haut des marches
Où est le cent piastres que tu
me dois?
Des morceaux de chair se détachent
de sa chair
ils descendent l'escalier comme
des boulettes de viande et
se répandent autour de lui.
Qu'est-ce qui se passe ici?
il se demande.
C'est le chien qui lui répond :
C'est la fiction!
Il hurle de sa voix de petit chien :
C'est la fiction! C'est la fiction!
C'est la fissure de la fiction!
Une trappe s'ouvre sur la tête
de la voisine et avale le petit chien
tandis qu'elle implose comme
une télévision et
disparaît.
L'escalier s'écroule.
Un gros morceau de mur tombe
sur l'œil étonné de
la fissure de la fiction.

Il sort vite de reculons et
accroche l'éternel caméraman qui
filmait encore tout.
Il semble de bonne humeur pour une fois
et lui fait son plus beau sourire
sauvage.
Tu l'auras voulu ton roman !
il dit en riant avec la même
voix haute que
le petit chien.

Le bloc implose sur lui-même
sans un bruit et finalement disparaît
lui aussi comme la voisine.
Il ne reste qu'un site
abandonné, avec de l'herbe et des
mauvaises herbes qui jaunissent
sous le silence du soleil.
Il ramasse son sac, sort le saké
le finit d'un trait et
jette la bouteille dans l'herbe
où il vivait.
Il ira dormir chez des amis
ce soir.
Il a un autobus à prendre
de très bonne heure le lendemain.
Il s'en va à Sudbury
faire une lecture et
des entrevues.
Il leur dira
l'écriture est une merveilleuse aventure
c'est un National Geographic de
l'âme.

Ou il leur dira
l'écriture est la recherche du silence
mais ça fait du bruit
quand même.
Ou il leur dira rien.
Ou pire
il leur dira tout.
C'est comme ça.

Montréal, été 1996

Extraits de la critique

Poèmes anglais

Poèmes anglais s'ouvre sur cette phrase : « Je veux écrire maintenant ». La velléité d'écrire qu'exprime le narrateur scande tout l'ouvrage. Mais il rencontre des interférences, des obstacles : des bribes de récit apparaissent et disparaissent, des morceaux de vie sont entrevus puis abandonnés, des voyages sont entrepris, etc., et partout la question de la langue surgit, parfois de façon surprenante. « Je me trouve / dans un autobus / [...] On se bouscule, / on se majuscule et / se minuscule tandis que / derrière moi, / une Franco-Ontarienne dit à / une autre Franco-Ontarienne : / "Tu sais, il y a du monde / qui sont vraiment pas / considérables..." » (*PA*, 38-39). Plus loin, la dénonciation de l'interférence de l'anglais se double d'une autre dénonciation, celle du modèle français étranger au Franco-Ontarien : « Depuis que je suis / à Sudbury / mon français a vraiment / improuvé. // Je veux écrire maintenant. / Je veux écrire comme / Paul Éluard. » (*PA*, 63) La volonté d'écrire et de s'exprimer dans sa langue n'arrive pas à se concrétiser, à surmonter les obstacles, à aller au-delà du désir qui, bloqué au stade velléitaire, résonne comme un appel pathétique. L'identité culturelle semble osciller entre le monde anglais et le monde français au sens générique (Québec et France) : « Mon poème devient une / chanson de / Bruce Springsteen / sur une musique de / Lucien Hétu. » (*PA*, 71) écrit le narrateur. Ce balancement constant, cet acte d'équilibriste, définit la condition du Franco-Ontarien, son identité profonde et fondamentalement divisée. C'est également là que réside sa force.

<small>Élizabeth Lasserre, « Identité et minorité dans l'écriture de Patrice Desbiens »,
La problématique de l'identité dans la littérature francophone du Canada et d'ailleurs, 1994</small>

Je commencerai par rappeler la misère du quotidien et de l'identitaire qui fonde la manière Desbiens [...]. Dans *Poèmes anglais*, Desbiens écrit : « Dans mon pays / poète rime avec... / ...rien... » (*PA*, 70). On ne saurait trouver meilleure formule pour désigner le vide identitaire, cette inconsistance quasi ontologique du poète (le poète mis en scène dans l'écriture, bien qu'il se trouve à redoubler fréquemment l'auteur par les nombreuses références sociobiographiques). Il est l'expression exemplaire du plat pays du poète franco-ontarien, qui tire sa qualité de son absence même. D'ailleurs, « rien » ne fait pas que rimer avec « poète »; rien est aussi l'anagramme de nier : n'être rien, c'est ne pas être. Ce constat d'une absence à soi-même revient d'un recueil à l'autre. « Engagez un poète mort! / Ça vous coûte rien » (*FF*, 180), écrit Desbiens en suggérant une équivalence entre la valeur ontologique et la valeur économique du poète. Le poème liminaire de *Rouleaux de printemps* insiste : « L'automne est parfumé / de poètes / morts. » (*RP*, 7) S'il y a toujours des poètes, ils sont toutefois condamnés à mourir, à l'image de la nature automnale. Le cycle des saisons ne cessera de redire la mort du poète. On pourrait évoquer encore, dans cette perspective du rien et de l'absence à soi, le jeu de mots qui figure à la fois dans *Dans l'après-midi cardiaque* et dans *Poèmes anglais:* «Parfois je suis inspiré mais/la plupart du temps/je suis aspiré.» (*AMC*, 221). Le poète est aspiré par le vide, ce qui témoigne de son inconsistance: «je suis plein de trous/et le vent joue dedans» (*ER*, 79), écrit ailleurs Desbiens, se souvenant peut-être d'un poème d'Henri Michaux. Le vide, le rien, telle est sans doute la condition première du poète franco-ontarien, qui est surtout une non-condition d'existence.

<small>François Ouellet, «La poésie ou la faillite de la posture paternelle: l'œuvre de Patrice Desbiens», *Thèmes et variations*, 2005</small>

Desbiens a une bien curieuse façon d'évoquer le désarroi de la langue. À l'origine de son recueil, on sent une errance du poète en attente de l'influx qui le poussera à écrire. Ces *Poèmes anglais*, qui n'ont rien de vraiment anglais, tentent et creusent la peur de le devenir un jour. De plus, cette parole, faite de petites histoires subordonnées à l'histoire, se lit comme un seul poème. Il y a dans l'écriture de ce poète franco-ontarien une déperdition constante de l'idée qui déteint sur l'évolution du poème. Les imperceptibles transformations de la pensée avortent en petits morceaux du monde réel d'une grande vacuité. Cette perte soudaine des forces du poème figure un sentiment de lassitude, me semble-t-il. Et l'on se dit que si Desbiens se perd parfois dans son poème, c'est peut-être pour témoigner d'une fixation contournée ou de la sclérose d'un certain état de la langue condamnée à se clore sur elle-même. Car au-delà de ses trous et ses arrêts, de sa désinvolture dada, oserais-je dire, ce poème sait rendre sensible son souci de poser la précarité de la langue franco-ontarienne comme objet du poème.

<small>Jocelyne Felx, «Les langues d'Ésope»
Lettres québécoises, n° 53, printemps 1989</small>

Soustraire ces textes à la norme écrite de la langue et imposer un vocabulaire familier et une structure oralisée revient à attaquer l'institution littéraire canonique dans ce qu'elle a de plus fondamental : la qualité de la langue. Desbiens refuse de jouer le jeu du beau style. Un petit exemple textuel l'illustre clairement : dans *Poèmes anglais*, le narrateur utilise le verbe «prendre» et se corrige immédiatement en remplaçant le mot par «pogner». Opter pour la version familière et franco-ontarienne plutôt que pour la forme standard du terme — montrer le processus même du choix — revient à mettre en valeur la langue parlée dans les rues de Timmins et Sudbury et à désigner celle de l'écrit comme «étrangère». La correction, par son caractère voyant, impose la langue familière comme préférable, créant une échelle de valeur où elle domine. En cela, elle est emblématique de tout le processus d'écriture du poète.

Pourtant, parallèlement à cette défense de la «langue des petits», celui-ci montre une dénonciation tout aussi forte de la détérioration par la pénétration de l'anglais. Et l'extrait suivant pose la question de savoir si l'alternative consiste à singer le modèle de l'Hexagone : «Depuis que je suis / à Sudbury / mon français a vraiment / improuvé. Je veux écrire maintenant. / Je veux écrire comme / Paul Éluard.» Nous retrouvons le même dilemme que pose la question identitaire : comment assainir l'état de la langue tout en conservant sa spécificité régionale ? Nous voilà très proches de la problématique du joual dans les années 60 au Québec. Le commentaire suivant de Jacques Renaud, qui avait opté pour le parler des classes ouvrières de Montréal dans son roman *Le cassé* (1964) révèle la double valeur qu'il lui accordait : «Le joual est le langage à la fois de la révolte et de la soumission, de la colère et de l'impuissance. C'est un non-langage et une dénonciation.»

Élizabeth Lasserre, «Écriture mineure et expérience minoritaire : la rhétorique de quotidien chez Patrice Desbiens» *Études françaises*, vol. 33, n° 2

Patrice Desbiens fait valoir dans son dernier recueil, *Poèmes anglais*, qu'il n'est plus sans défense. L'amertume ressentie par le colonisé refait surface, il est vrai, mais elle est allégée par l'humour :

Est-ce qu'elle me
demanderait,
après l'amour,
le drap jusqu'au cou
comme dans un film
américain :
« Do you ever write
anything in
English ? »

S'exprime sur le même mode ironique le pathétique des Franco-Ontariens qui ont perdu leur langue et qui ne peuvent que rêver de la posséder de nouveau. En effet, le dictionnaire Larousse de *L'espace qui reste* réapparaît dans *Poèmes anglais*. Signé Debbie Courville, ce dictionnaire d'occasion fait rêver le poète, rêver d'une jeune fille qui aurait essayé de réapprendre sa langue maternelle, mais qui aurait sombré dans la mer des Anglophones.

Alan MacDonell, « Colonisation et poétique :
Patrice Desbiens, poète franco-ontarien », *Travaux de littérature* n° VII, 1994

Le pays de personne

J'aime le Desbiens *bum* en mal de culture et d'identité, celui qui se définit comme « un sans-abri de la poésie », « un Canadien erreur / errant le long des rues » perdu « dans ce pays où je ne suis que / sous-locataire » ; sa poésie urbaine un peu rude avec son quotidien déclinquant, ses précisions terriblement prosaïques : tel motel, tel bar, la quincaillerie, dans *Le pays de personne*, sise au coin de Sutherland et d'Aiguillon, source ici d'un secret malaise identitaire.

<small>François Ouellet, *Nuit blanche*, hiver 1995-1996, n° 62</small>

Le pays de personne évoque par son titre même cet *Espace qui reste* (nom du premier recueil de Desbiens) qu'est l'Ontario français. Le poème éponyme illustre abondamment ce thème, peignant les contradictions qui habitent le Franco-Ontarien, ce «Canadien erreur / errant dans les rues de Québec» qui se souvient malgré tout que le lendemain c'est «la fête du Canada». Notons cependant le fait que Desbiens habite au Québec, ce qui a sensiblement modifié les lieux de sa poésie. Mais s'il est vrai que des poèmes comme «Wrong bus» expriment un point de vue québécois, l'univers du *Pays de personne* reste malgré tout très proche de celui des recueils ontarois de l'auteur.

<small>Élizabeth Lasserre, *Liaison*, n° 41, septembre 1995</small>

La fissure de la fiction

[...] *La fissure de la fiction* m'a interpellée parce qu'il aborde la thématique de l'écriture à propos de laquelle le poète s'est toujours montré réticent, tant dans ses recueils que dans ses entrevues.

Comme dans ses œuvres précédentes, nous entrons dans un univers dominé par le sentiment d'impuissance, mais contrairement aux autres recueils, la difficulté est d'ordre littéraire. Tout le poème va porter sur la lutte entre deux genres, la poésie et le roman, qui représentent en réalité deux conceptions de la littérature : car pour Desbiens, la poésie, forme minoritaire, est également la forme des minorités. En conséquence, écrire un roman apparaît aussi intolérable que destructeur et la tentative s'achèvera sur un échec (le roman est jeté par la fenêtre) suivi d'une explosion cataclysmique mais salutaire qui ramène le poète à sa réalité profonde. La « fissure de la fiction », cette faille grandissante qui s'ouvre dans l'immeuble du poète et qui finira par tout engouffrer — maison, voisins, livres — ne lui laissera que l'essentiel, la poésie.

Desbiens reste donc très proche des préoccupations qui ont informé sa poésie depuis ses débuts [...]. Mais le recueil prend forme et force à la lecture, et la dimension plus réflexive qui imprègne ce travail marque malgré tout une évolution et une maturation certaines de la poésie de Desbiens.

Élizabeth Lasserre, « Écrits franco-ontariens », *Canadian Literature*, n° 164, printemps 2000

La fissure de la fiction (1997), de Patrice Desbiens, illustre précisément une tentative avortée d'ouverture à l'Autre. L'opposition poésie/roman centrale au recueil symbolise le rapport minoritaire/majoritaire. L'image de la fissure s'élargissant jusqu'à la démesure représente l'écart grandissant que le poète-narrateur perçoit entre la poésie et le roman, entre les deux conceptions du littéraire que recouvrent à ses yeux les deux genres. J'ai montré ailleurs que la poésie représente pour Desbiens la forme privilégiée du discours minoritaire, essentiellement en raison de sa proximité à la langue parlée et au chant [...]. Le roman se rattache au contraire à la *tradition* littéraire, dont est par définition exclue l'expression minoritaire, et impose la prééminence de l'écrit sur l'oral. Au terme d'un parcours à la fois personnel et littéraire, le narrateur-poète de *La fissure...* fera enfin son choix et rejettera son ébauche de roman au profit de la « littérature du pauvre », la poésie. L'image de l'édifice, solide, dur, que le narrateur désigne souvent — et pas innocemment — par le terme « bloc », appartient au « régime du roman ». Une fois le roman rejeté, le « bloc » où vivait le poète-narrateur implose et disparaît. Renvoyé à sa pauvreté, qui fonde sa réalité profonde, le poète se retrouve enfin. Le dénuement de la poésie le ramène *à* et *en* lui-même, hors des contraintes de relation et d'adaptation soumise que lui imposait le roman (le discours établi).

<small>Élisabeth Lasserre, « La littérature franco-ontarienne :
Ruptures et continuités », *Perspectives sur la littérature franco-ontarienne : état des lieux*, 2007</small>

Dans ce recueil, Patrice Desbiens a réussi un véritable tour de force en faisant une tentative insensée d'écrire un roman dans un poème. Avec des images surprenantes, il nous entraîne avec un humour bien à lui, décapant à souhait, dans une odyssée qui mélange tout ce qui bouge. Véritable scrap-book de la vie, ce livre en ratisse large sans jamais perdre de vue l'essentielle et exigeante écriture poétique.

<small>Louise Desjardins, pour le Comité de rédaction de la revue *Estuaire*,
Prix de Poésie Les Terrasses Saint-Sulpice de la revue *Estuaire*</small>

Toujours est-il que pour notre poète trop près d'une réalité amère, la fiction — qui casse, fissure le réel — ne peut se faire que poésie : l'art du pauvre et du Saint. Il va ainsi se définir comme un « griot » (un sorcier africain — poète ou musicien — qui fait partie d'une caste spéciale conseillant les princes) mais qui possède, malheureusement, cette étrange faculté de sombrer parfois dans la clochardise. Et c'est cela, justement, qui lui permettra d'écrire comme il le désire : de la poésie mais pas de roman… L'ordre du réel, pour notre poète-griot itinérant, ne lui offre pas l'occasion d'aller par-delà l'acte poétique ; mais c'est peut-être mieux ainsi… Notre poète trop marginal sera sûrement plus authentique dans sa misère noire. Cependant, l'existence d'un poète authentique n'est pas aisée entre deux *brosses*, deux lectures et un amour déchirant. Il vomit la vie et celle-ci le lui rend bien ! Patrice Desbiens nous dit qu'« il n'est qu'un décalque de lui-même / collé au fond des caleçons du cosmos». Finalement, l'écriture fissure la réalité qui porte en elle-même ses propres fractures: la possibilité d'une mort annoncée par la fiction.

<small>Gilles Côté, «Patrice Desbiens, *La fissure de la fiction*», *Nuit blanche*, printemps 1998, n° 70</small>

La fissure de la fiction, d'une réussite tout à fait remarquable, contient probablement les meilleures pages écrites par Desbiens depuis *L'homme invisible / The Invisible Man*, ce qui n'est pas peu dire. Le texte se présente comme un «poème narratif», comportant cette ambiguïté d'une écriture poétique qui se soutient, depuis le premier texte de Desbiens publié il y a exactement vingt ans, d'un fort prosaïsme. De fait, tout le recueil interroge cette posture d'écrivain plutôt singulière que métaphorise l'inscription générique, et qui fait toute la richesse de cette poésie.

Si le poème est narratif, c'est bien qu'il raconte une histoire, qu'il inscrit un personnage dans le temps; plus précisément un poète qui désire écrire un roman, construire une fiction belle et pleine. En réalité, il ne s'agit pas tant, pour lui, d'écrire un roman que de changer sa vie. L'écriture de fiction est un moyen. Faire un roman de sa vie, écrire le roman de sa vie — romancer sa vie, la transformer en introduisant de la fiction dans le quotidien de la poésie ou dans la poésie du quotidien. Or, le poète n'arrive pas à écrire un roman, ni, par conséquent, à s'extraire du quotidien. [...]

À tout cela, on reconnaît indéniablement Desbiens, qui parvient une fois de plus à ressasser ses thèmes habituels dans une écriture qui atteint à une superbe densité poétique, et dont l'efficacité et la beauté sont si flagrantes qu'on s'étonne presque qu'il ait mis vingt ans à trouver ces nouvelles images, et qu'on ne peut qu'en redemander. «La poésie ça pogne juste / dans les romans», se plaint ironiquement le poète. Qu'il se rassure, je connais peu de romans qui parviennent à produire autant d'émotions que ces pages de poésie narrative. Du très grand Desbiens.

<small>François Ouellet, «La béance du quotidien», *Liaison*, n° 94, novembre 1997</small>

Petites peintures croquées sur le vif, *La fissure de la fiction* suinte le désespoir. Une sublimation de la stupidité, que nous devons supposer dans le contexte de la thématique de la parole, nous interpelle tragiquement. Ici, le poète s'acharne à écrire une pseudo-fiction du genre romanesque parce que «le genre pogne» (p. 11). Le doute et l'ambiguïté s'installent chez le narrateur-poète confiné dans sa chambre qu'il quitte pour des lectures publiques, préférablement dans les bars où il s'incruste avec plaisir.

Dans les livres de Desbiens, un certain déterminisme prévaut toujours sur le volontarisme. Un sens de la fatalité externe se lie à l'exiguïté du lieu ou au non-lieu. Les mots s'enlisent et s'envasent dans leur sens. Les pulsions primaires n'y sont aucunement détournées, idéalisées ou sublimées. Modèles d'humour et de féroces observations, ses livres expriment le drame d'une non-parole, ou d'une parole non reçue. Le silence y fait un bruit risible : le désespoir semble incurable. [...]

Entre le rêve et l'humour, la solitude et l'abrutissement masculin, la poésie de Desbiens déplace, parle en paraboles, contourne, enveloppe et ment... et tout est vrai! Elle renvoie une image pitoyable de l'Amérique et de sa culture. Chantre du créateur rejeté, comme Gauvreau, comme le Nelligan de la «Romance du vin», Desbiens a trouvé ici, entre la gravité et la rigolade, le ton juste et il nous livre un texte des plus émouvants.

<small>Jocelyne Felx, «Villes subjectives. Entre l'intime et l'universel, l'éternité a aussi des racines», *Lettres québécoises*, été 1998, n° 90</small>

Le poète de *La fissure de la fiction* « vit dans un pays où / il n'y a plus de fiction » (*FF*, 167). La situation est posée d'emblée et il faut la prendre à la lettre : le poète vit dans un univers dépossédé de la fiction, l'univers plat des objets de consommation et du quotidien aliénant. Cet univers qui faisait écrire au poète, dans *Les conséquences de la vie* : « La vérité pour le moment / réside dans le / paquet de DuMaurier / rouge / sur la table. » (*CV*, 19). Or, le poète de *La fissure de la fiction* entend montrer qu'il y a une autre face à la vérité, que la fiction peut transformer le plat de la réalité quotidienne car elle met en forme, elle donne du sens, elle impose un imaginaire, elle construit un univers qui porte un surplus de sens. Il s'agit de mettre la réalité à sa main, c'est-à-dire d'être en mesure de l'ajuster à son imaginaire, à sa propre fiction ; plus concrètement, cela signifie se faire une place parmi les autres, parmi les regards des autres — ces regards autrement si aliénants. Ainsi, dans ce pays où il n'y a plus de fiction, le poète est poursuivi par « une caméra qui le suit / partout comme un diable » (*FF*, 167), une caméra qui fait un « gros plan sur sa faim » (*FF*, 177). Cette caméra filme le quotidien. Or, ce que vise le poète ici, c'est un renversement proprement ontologique : non plus être l'objet vu, non plus n'être soi-même qu'un objet parmi tous les autres objets de la vie courante, mais se situer par rapport au quotidien de manière à le voir autrement, c'est-à-dire par le recours à la fiction, au roman.

<small>François Ouellet, « La poésie ou la faillite de la posture paternelle : l'œuvre de Patrice Desbiens » *Thèmes et variations*, 2005</small>

Biobibliographie

1948	• Naissance le 18 mars, à Timmins, de Joseph Patrice François Gérard Desbiens, quatrième et dernier enfant d'Alfred Desbiens, commis voyageur, et de Fleur-Ange Scanlan, mère au foyer. Il est baptisé le 14 avril 1948.
1952	• Décès de son père.
1955-1967	• Il fait des études primaires aux écoles Saint-Alphonse et Saint-Antoine de Timmins, puis des études secondaires au Collège du Sacré-Cœur et au Timmins High Vocational School. Il ne termine pas son secondaire. • Un jour, à la bibliothèque, il se trompe de rayon et tombe sur des livres de poésie. Il confie aujourd'hui que la rencontre déterminante de sa vie a été la poésie.
1965	• Décès de sa mère. Il va vivre chez sa sœur Colette, qui demeure à Timmins.
1967-1968	• Il quitte sa ville natale et se rend à Toronto, où il habite chez des amis.
1969-1970	• Il est journaliste au *Ryerson Polytechnical Institute Newspaper*: il s'occupe de la page de poésie. • En 1970, il se dirige vers Montréal avec des amis québécois. Il s'installe à Saint-Marc-des-Carrières, dans le comté de Portneuf, au Québec.
1972	• Un professeur de littérature de l'école secondaire de Saint-

	Marc-des-Carrières l'aide à publier, à compte d'auteur et par processus de miméographie, son premier recueil de poèmes et chansons, *Cimetières de l'œil*.
1973	• Il publie, à compte d'auteur, un deuxième recueil intitulé *Larmes de rasoir*.
1973-1976	• Il déménage à Québec et travaille comme vendeur dans un magasin de disques à Sainte-Foy. • Il accompagne des formations de jazz et apprend les percussions africaines et brésiliennes.
1974	• Il publie *Ici*, aux éditions À Mitaine. Le recueil reçoit des critiques positives dans *La Presse* et *Le Devoir* de Montréal et dans *Le Soleil* de Québec.
1976	• Au printemps, il déménage à Welland, où il écrit des textes et des chansons pour une création collective sur l'histoire de la région du Niagara. • Au cours de l'été, il déménage à Toronto et devient batteur pour le groupe The Government, qu'il accompagne en tournée à New York. Son travail de musicien l'accapare sept jours sur sept, douze heures par jour, mais il continue d'écrire de la poésie. • Musicien autodidacte, Patrice Desbiens a accompagné Robert Paquette, Dario Dominguez, Kim Deschamps et Daisy DeBolt en concert : Robert Dickson, Michel Vallières, Jean Marc Dalpé et d'autres à l'occasion de récitals de poésie.
1977	• Publication des *Conséquences de la vie*, son premier recueil aux Éditions Prise de parole de Sudbury.
1978	• Il est rédacteur à *L'Express* de Toronto.
1979	• Il décide de revenir dans le Nord de l'Ontario pour se rapprocher de la francophonie : il déménage à Sudbury. • Parution de *L'espace qui reste* aux Éditions Prise de parole. • Il publie poèmes et articles dans diverses revues et prépare son prochain recueil. • Tout au long de sa carrière, Patrice Desbiens contribue à divers journaux et revues. Il a publié dans *Toronto Express*, *Hamilton Express*, *La Souche* (Sudbury), *Réaction* (Sudbury), *Anus* (Hearst), *Ward 7 News* (Toronto), *Alive Press* (Guelph), *Poetry Toronto Newsletter*,

Rauque, *Ébauches*, *Poésie Windsor Poetry*, *Harbinger*, *Exit* (Montréal), *Folie Culture* (Québec), *Estuaire* et *Steak haché*.

1979 • En septembre, il s'inscrit à l'Université Laurentienne : l'aventure universitaire ne dure qu'un semestre.

1981 • Publication du récit poétique/poème narratif bilingue *L'homme invisible/The Invisible Man*, coédité par les Éditions Prise de parole et Penumbra Press. • À l'été, il participe à un récital de poésie au festival provincial de Théâtre-Action à Ottawa ; le spectacle est filmé et deviendra le documentaire *Les mots dits,* qui porte sur cinq poètes : Patrice Desbiens, Robert Dickson, Sylvie Trudel, Jean Marc Dalpé et Michel Vallières.

1982 • Il assure l'accompagnement musical de *L'opéra du gros cinq cennes*, une production du Théâtre du Nouvel-Ontario de Sudbury.

1983 • Parution de *Sudbury* aux Éditions Prise de parole, recueil qui regroupe des textes qu'il travaille depuis deux ans. • Il figure dans le film documentaire *Appartenance*, tourné au dixième festival provincial de Théâtre-Action, qui a lieu à l'Université Laurentienne. • Au fil des ans, Patrice Desbiens a participé, soit à titre de musicien, soit à titre de poète, à de nombreux festivals. Entre autres événements, mentionnons le festival de Théâtre-Action, le festival Boréal, le festival Manitoulin, le festival Fringe, la Nuit sur l'étang, Voix d'Amériques. Il a également participé à plusieurs reprises au Festival international de la poésie de Trois-Rivières et au Festival international de la littérature de Montréal.

1984 • Le groupe musical CANO produit un dernier album, *Visible*, dont le titre ainsi que la chanson « Invisible » sont tirés de son recueil *L'homme invisible/The Invisible Man*.

1985 • Il réalise et fait paraître l'audiocassette *La cuisine de la poésie*, sur laquelle sa poésie est mise en musique, ainsi que le recueil *Dans l'après-midi cardiaque*, aux Éditions Prise de parole. • *Dans l'après-midi cardiaque* est finaliste au prix du Gouverneur général.

1986-1987	• Patrice est bénévole au Théâtre du Nouvel-Ontario. • Également, pour le Théâtre du Nouvel-Ontario, il est accompagnateur musical de la mise en lecture de *Tourist Room No Vacancy* d'Yves-Gérard Benoît, qui sera présentée à Sudbury et à Hull.
1987	• De janvier à mars, il est employé à titre d'écrivain chez Prise de parole. • En mars, à la Nuit sur l'étang, on lui décerne le prix du Nouvel-Ontario. • Son recueil *Les cascadeurs de l'amour* (Prise de parole) est lancé à l'automne à la rencontre internationale Jack-Kérouac à Québec. • Patrice Desbiens et Jean Marc Dalpé collaborent à titre d'auteurs et de comédiens à la création du spectacle *Dalpé-Desbiens* du Théâtre du Nouvel-Ontario, réalisé en collaboration avec La Slague. En octobre, *Dalpé-Desbiens* est présenté en vedette américaine dans le cadre d'un spectacle de Marjo, anciennement du groupe Corbeau.
1988	• Desbiens est président d'honneur du 9e Salon du livre de l'Outaouais en mars. • Son recueil *Poèmes anglais* est publié aux Éditions Prise de parole. • Invité au Salon du livre de Québec, Patrice Desbiens décide de s'y installer, déterminé à ne plus retourner à Sudbury où, dit-il, «ses deux cerveaux étaient en chicane». Il contribue à *Folie culture*, une revue alternative, ainsi qu'à *Estuaire*. • Il est invité au Salon du livre du Mans en octobre et des bienfaiteurs anonymes paient son premier voyage en France. • Reprise du spectacle *Dalpé-Desbiens* à Montréal et à Toronto. • Production, par le Théâtre du Nouvel-Ontario, du spectacle *Cris et blues — live à Coulson*, mettant en vedette Jean Marc Dalpé et Marcel Aymar, spectacle qui reprend plusieurs textes et musiques de Patrice Desbiens. Le spectacle jouera à Sudbury et à Ottawa en octobre.
1989	• *Cris et blues* est produit à Toronto au printemps. • Desbiens fait paraître *Amour ambulance* aux Écrits des Forges.
1990	• Au printemps, *Cris et blues* effectue une tournée ontarienne et se produit à l'automne au festival de Limoges en France.

• Desbiens collabore à la trame musicale du film *Le party* de Pierre Falardeau, dont la direction musicale est assurée par Richard Desjardins : il écrit la chanson « Pourrir sans mourir ».

1991 • Il donne un récital de poésie en septembre à l'Université Laurentienne. • Il est l'une des douze personnes à faire l'objet d'un court métrage dans la série *À la recherche de l'homme invisible* de l'ONF : le réalisateur Valmont Jobin a choisi Patrice Desbiens pour son court métrage intitulé *Mon pays...*, un film mi-fiction, mi-documentaire de trente minutes. • Avec René Lussier, il présente pour la première fois le spectacle *Grosse guitare rouge*.

1991-1993 • Patrice Desbiens laisse tout, ou presque, derrière lui et déménage à Montréal, emportant seulement une valise et ses manuscrits. • Il se produit aux côtés du musicien René Lussier et effectue avec lui une tournée en Belgique, en France et à Montréal. • Le film *Mon pays...*, de la série *À la recherche de l'homme invisible*, remporte le prix du « meilleur témoignage » au dixième Festival international du film sur l'art. En décernant ce prix, le jury du Festival rendait également hommage à Patrice Desbiens, à qui ce film donne la parole.

1992 • Desbiens écrit la chanson « Epic Aire » pour l'album *Soul Stalking* de Daisy DeBolt.

1993 • Les 6 et 7 août, le spectacle *Cris et blues — live à Coulson*, est enregistré en direct de l'hôtel Coulson lors du festival Fringe à Sudbury.

1995 • *Un pépin de pomme sur un poêle à bois* paraît chez Prise de parole. Le recueil regroupe le triptyque *Le pays de personne*, *Grosse guitare rouge* et *Un pépin de pomme sur un poêle à bois*, qu'il a écrit entre 1988 et 1994. • Parution chez Prise de parole (en collaboration avec Musique AU) de la bande sonore de *Cris et blues — live à Coulson* sur laquelle on retrouve ses compositions « Phrase par phrase », « Invisible », « Sainte colère » et « Tous les chemins ». • Au Gala de la Nuit sur l'étang, à Sudbury, il donne un spectacle inspiré de *Grosse guitare rouge* en compagnie des frères Lamoureux du groupe Brasse-Camarade : le spectacle sera repris à Montréal à l'automne, et le batteur Richard de Grandmont se joindra au groupe.

1995-1997 • Il écrit, écrit, écrit... et fait des lectures publiques et des performances à Cornwall, Ottawa, Hull, Montréal, Toronto, Québec, Hearst, Timmins, Sudbury, Moncton, Baie Sainte-Marie (N.-É.), North Bay, etc.

1996 • Il reçoit le prix Champlain du Conseil de la vie française en Amérique pour *Un pépin de pomme sur un poêle à bois*.
• Il joue dans le film *Le dernier des Franco-Ontariens*, réalisé par Jean Marc Larivière.

1997 • Parution, chez Prise de parole, du recueil de poésie *La fissure de la fiction* et d'une nouvelle édition qui regroupe deux recueils antérieurs : *L'homme invisible/The Invisible Man* suivi des *Cascadeurs de l'amour*. • Publication d'une plaquette intitulée *L'effet de la pluie poussée par le vent sur les bâtiments*, chez Docteur Sax (Québec). • Une étude de ses œuvres paraît dans la revue *Tangence* de l'Université du Québec à Rimouski, n° 56, décembre 1997.

1998 • En mars, à l'occasion du 50ᵉ anniversaire de Patrice Desbiens, le musicien-compositeur René Lussier et quelques amis musiciens (Jean Derome, Guillaume Dostaler, Pierre Tanguay) lui offrent un cadeau exceptionnel : du temps en studio pour enregistrer ses poèmes préférés dans une ambiance de club de jazz. Le résultat, un disque compact produit par René Lussier et intitulé *Patrice Desbiens et les Moyens du bord*, paraît en 1999. • Toujours en musique, Desbiens compose la chanson « La caissière populaire », qui paraît sur l'album *Boom Boom* de Richard Desjardins. • Desbiens est mis en nomination pour le prix Félix-Antoine-Savard.

1999 • À sa sortie, à l'automne, le disque compact *Patrice Desbiens et les Moyens du bord*, sur Ambiances Magnétiques, est acclamé par la critique. • Patrice Desbiens publie deux recueils de poésie : une nouvelle édition, augmentée, de *L'effet de la pluie poussée par le vent sur les bâtiments* chez Lanctôt Éditeur en mars, et *Rouleaux de printemps*, aux Éditions Prise de parole à l'automne. • Il reçoit le prix de poésie des Terrasses Saint-Sulpice pour *La fissure de la fiction*.

2000 • *La quinzaine Desbiens*, un événement consacré à Patrice Desbiens, est organisée par le Théâtre du Nouvel-Ontario en janvier. La quinzaine comprend : une production théâtrale, *Quand les mots viennent du Nord* (qui plus tard est rebaptisée *Du pépin à la fissure)*, qui présente des extraits des deux récits que sont *Un pépin de pomme sur un poêle à bois* et de *La fissure de la fiction,* une production du Théâtre du Nouvel-Ontario en collaboration avec le théâtre l'Escaouette, de Moncton ; une exposition à la Galerie du Nouvel-Ontario de bannières d'art créées par l'artiste et poète Herménégilde Chiasson à partir des textes de Patrice Desbiens ; et une adaptation théâtrale des *Cascadeurs de l'amour*, production du Théâtre la Tangente de Toronto. • *Les cascadeurs de l'amour* sera présentée dans plusieurs villes du Canada ainsi qu'au festival des Météores à Douai, en France, en mars. La pièce est également diffusée en direct à la radio de Radio-Canada. Elle remporte le Masque de la meilleure production franco-canadienne. • Patrice Desbiens et René Lussier présentent *Patrice Desbiens et les Moyens du bord*, en tournée, dans diverses maisons de la culture de Montréal à l'hiver et au printemps 2000. • Parution de *Sudbury (poèmes 1979-1985)*, qui comprend une nouvelle édition des recueils *L'espace qui reste* (1979), *Sudbury* (1983) et *Dans l'après-midi cardiaque* (1985) aux Éditions Prise de parole. • Le Théâtre du Nouvel-Ontario produit la pièce *Du pépin à la fissure*, qui met en scène l'intégrale des recueils *Un pépin de pomme sur un poêle à bois* et *La fissure de la fiction*.

2001 • Parution du recueil *Bleu comme un feu* aux Éditions Prise de parole. • La production *Du pépin à la fissure* remporte le Masque de la meilleure production franco-canadienne.

2002	• Parution, aux Éditions Prise de parole, du recueil *Hennissements*, qui regroupe des poèmes inédits ainsi que le recueil *Les conséquences de la vie*, publié en 1977. • Desbiens signe les paroles de «Simple souffle souple», «Les coups donnés», «Brûlots», «Comme dans un film» et «Le grand besoin», sur l'album *Je marche à toi* de Chloé Sainte-Marie.
2003	• En février, Patrice Desbiens est l'invité d'honneur lors de la 2ᵉ édition du festival Voix d'Amériques. Pendant le festival, poètes et musiciens se donnent rendez-vous sur scène à Montréal lors d'un spectacle à guichet fermé organisé pour rendre hommage à Desbiens. • Parolier, Desbiens continue à signer des chansons, dont «Danse d'enfer», «Debout à la barre» et «Douceronne», sur l'album *18 roues* de Serge Monette.
2004	• Lors du gala de l'ADISQ, il est récipiendaire, avec Richard Desjardins, du Félix pour scripteur de spectacle de l'année, pour les textes d'enchaînement du spectacle *Kanasuta* de Richard Desjardins. • En octobre, Desbiens lance le livre-cd *Grosse guitare rouge* au Cheval Blanc à Montréal, lancement suivi d'une prestation avec René Lussier sur la même scène où ils avaient présenté *Grosse guitare rouge* pour la première fois.
2005	• Parution du recueil de poésie *Désâmé* aux Éditions Prise de parole. • Desbiens collabore de nouveau avec Chloé Sainte-Marie, signant les textes «La Haine» et «Hurlesang» sur l'album *Parle-moi*. • En mars, le Théâtre de la Vieille 17 produit le spectacle *L'homme invisible/The Invisible Man*, d'après le recueil de Patrice Desbiens. Le texte est interprété et mis en scène par Robert Marinier et Roch Castonguay. • Dans le cadre de la 11ᵉ édition du Festival international de la littérature qui a lieu en septembre à Montréal, Desbiens participe à la présentation du spectacle *Sudbury blues* au Lion d'Or, un spectacle qui met à l'honneur des artistes et créateurs sudburois. Il s'y retrouve aux côtés d'anciens amis et complices, dont Jean Marc Dalpé et Robert Dickson.
2006	• Dans le cadre du Salon du livre du Grand Sudbury, des

extraits de *L'homme invisible/The Invisible Man*, *Sudbury* et *Poèmes anglais* sont présentés lors du spectacle *Parcours littéraire*. • Reprise de la tournée de *L'homme invisible/The Invisible Man*. • Publication à compte d'auteur des recueils *Leçon de noyade*, *Déchu de rien* et *Inédits de vidé*. • Dans le cadre de la 12e édition du Festival international de la littérature à Montréal, un extrait de *Désâmé* est lu sur scène lors du spectacle *Les midis littéraires*.

2007 • Parution chez l'Oie de Cravan (Montréal), du recueil de poésie *En temps et lieux*, qui regroupe les textes des trois plaquettes publiées en 2006. • Reprise du spectacle *Parcours littéraire* au cours duquel des extraits de *L'homme invisible/The Invisible Man*, *Sudbury*, *Bleu comme un feu* et *Poèmes anglais* sont présentés. • Dans le cadre de l'événement Théâtre d'ailleurs, des extraits du recueil *Sudbury* sont lus lors du spectacle *Poésie, sandwichs et autres soirs qui penchent*, une présentation de «Attitude Locomotive». • Dans le cadre de la 13e édition du Festival international de la littérature qui a lieu en septembre à Montréal, Desbiens participe à la soirée *Salut Robert*, qui rend hommage à son ami, le regretté Robert Dickson; il s'y produit aux côtés de plusieurs artistes, dont Jean Marc Dalpé et Brigitte Haentjens. • Toujours dans le cadre du Festival international de la littérature, des extraits du recueil *Sudbury* sont lus lors du spectacle *Poésie, sandwichs et autres soirs qui penchent*, une présentation de «Attitude Locomotive». • Reprise de la tournée de *L'homme invisible/The Invisible Man*.

2008 • Reprise de la tournée de *L'homme invisible/The Invisible Man*. • Desbiens remporte le premier prix du Salon du livre du Grand Sudbury, décerné à un auteur chevronné originaire de l'Ontario français ou associé à l'Ontario français, dont la production bien établie a maintenu un haut niveau de qualité et a gagné l'appréciation vive de ses lecteurs. • Le spectacle *Satori à Québec: hommage à Patrice Desbiens* est présenté au Largo resto-club à Québec en juin et de nouveau à la demande générale en septembre, au café-spectacle du Palais Montcalm dans le cadre du Festival de jazz de Québec. • Dans le cadre du Festival TransAmérique tenu à Montréal, des extraits du recueil *Sudbury* sont lus lors du spectacle *Poésie, sandwichs et autres soirs qui penchent*, une présentation de «Attitude Locomotive». • Parution, en octobre, du recueil de poésie *Décalage* aux Éditions Prise de parole. • Dans le cadre de la 14ᵉ édition du Festival international de la littérature à Montréal, Desbiens participe au spectacle *D'un pays qui pousse dans le Nord* présenté au Lion d'Or, un spectacle qui met à l'honneur des artistes et créateurs de l'Abitibi et du Nord de l'Ontario. • Toujours dans le cadre du Festival international de littérature, le spectacle *Poésie, sandwichs et autres soirs qui penchent*, une production de «Attitude Locomotive», présente des extraits de *Sudbury*. • Nouvelle édition de *L'homme invisible/The Invisible Man*, suivi des *Cascadeurs de l'amour*, dans la Bibliothèque canadienne-française, toujours aux Éditions Prise de parole. • Parution chez l'Oie de Cravan (Montréal), du recueil de poésie *En temps et lieux 2*.

2009 • Parution chez l'Oie de Cravan (Montréal), du recueil de poésie *En temps et lieux 3*. • Des textes tirés du recueil *Sudbury* sont présentés dans le cadre d'un exercice public à Université du Québec à Montréal. • Le spectacle *Satori à Montréal* est présenté au Lion d'Or dans le cadre du OFF festival jazz de Montréal. Le poète prend lui-même la scène aux côtés de quatre musiciens et de deux diseurs qui interprètent et accompagnent ses écrits.

2010 • Le récit poétique *L'homme invisible/The Invisible Man* est défendu par le chansonnier Thomas Hellman dans le cadre du concours radiophonique «Le combat des livres», à l'émission Christiane Charrette, Radio-Canada Montréal. • Reprise des spectacles *Satori à Québec : les mots de Patrice Desbiens* au Théâtre du Petit Champlain ; et *Satori à Montréal*, au Lion d'or, dans le cadre du Marché de la poésie.

Table des matières

Scénario pour une préface fissurée 5
Poèmes anglais 25
Le pays de personne 79
La fissure de la fiction 163
Extraits de la critique 203
Biobibliographie 215

Camilla Gibbs ?

The O'Regan Files
Nov 4/10

Achevé d'imprimer
en mai deux mille dix sur les presses
de l'Imprimerie Gauvin, à Gatineau (Québec).